Lama Jigme Rinpoche

D1723283

Unsere Gefühle, Schlüssel zu Freude und Glück

Erklärungen zur Lehre Buddhas

Herausgeberin: Brigitte Thelen

Bezugsadresse:

Brigitte Thelen
Hermann-Schmidstrasse 4
D-80336 München

Tel.: 089-76 45 07
E-mail: brigittethelen@t-online.de

ISBN 978-3-00-038070-9

1. Auflage: Juli 2006
2. überarbeitete Auflage: November 2006
3. überarbeitete Auflage: Mai 2008
4. überarbeitete Auflage: Juni 2012

© Lama Jigme Rinpoche, Dhagpo Kagyü Ling, St. Leon-sur-Vézère, Frankreich, 2012

Alle Rechte vorbehalten. Jede Vervielfältigung und Verbreitung nur mit ausdrücklicher Genehmigung von Lama Jigme Rinpoche.

Übersetzung aus dem Englischen, Überarbeitung u.a.: Brigitte Thelen, München

Orthographische Korrektur: Deborah Berger, Möhra

© Foto und Fotograf: Thule G. Jug, Vienna Dharma Projects, Wien

Foto: aufgenommen 2003 in Wien

Dieses Projekt entstand in Zusammenarbeit mit Bodhi Path Deutschland.

Satz und Druck: mediatransmit GmbH, München

Inhalt

Vorwort

Für den Erfolg der ersten drei Auflagen ein ganz, ganz liebes Danke an Lama Jigme Rinpoche, an alle Leserinnen und Leser und die Vielen, die auf ganz unterschiedliche Art und Weise mitwirken und mitgewirkt haben.

Als mir dieses Buchprojekt im Sommer 2005 anvertraut wurde, stellte sich heraus, dass es auf drei Seminaren beruht, die Lama Jigme Rinpoche 1994, 2002 und 2004 im buddhistischen Zentrum Dhagpo Kagyü Ling (Dordogne/Frankreich) gehalten hat. Aus der Abschrift und Zusammenstellung der Kurse war im Bodhi Path Zentrum in Martha's Vineyard (Ostküste/USA) ein englischsprachiges Skript entstanden. Es erschien 2004 unter dem Titel „Working with the emotions" im Eigenverlag als Buch.

Während der Übersetzung wurde mir dann immer klarer, wie kostbar die Belehrungen sind, die Lama Jigme Rinpoche gegeben hat. Sie zeigen eine tiefe Weisheit, die direkt im Alltag angewendet werden kann, auf die Dinge also, denen wir im normalen Leben begegnen. Dabei weisen sie uns einen Weg, der aus dem Leid herausführt, und das ist das ganz Besondere daran.

Um diese Belehrungen zugänglicher zu machen, entstand der Wunsch, eine Überarbeitung vorzunehmen. Hierbei war es ein großes Anliegen, die Authentizität zu erhalten, sprachliche Besonderheiten zu belassen und den Lehrstil, der auch durch Wiederholungen gekennzeichnet ist, zu erhalten. Weiter wurde unter anderem ein Glossar angefügt, um im Text auftauchende fachliche Begriffe zu erläutern.

Allerdings ist es trotz Sorgfalt, einfühlsamem Vorgehen sowie Tipps und Unterstützung von Roland Hohlrieder, Claudia Pagel, Bernhard Sieben, Astrid Williot-Schünemann sowie anderen Mitwirkenden nicht völlig ausgeschlossen, dass mir Fehler unterlaufen sind. Hierfür bitte ich um Nachsicht.

Auch kann ein Buch, so viel es einem vielleicht geben mag, die persönlichen Begegnungen mit dem Lehrer im Regelfall nicht wirklich ersetzen.

Es ist also empfehlenswert, Lama Jigme Rinpoche und andere qualifizierte buddhistische Lehrerinnen und Lehrer zu hören und zu treffen und sich vom lebendigen Beispiel und ihrer Ausstrahlung inspirieren zu lassen.

Weitere Informationen findet man unter anderem im Internet (Auswahl von Links im Anhang). Und es gibt buddhistische Zentren in vielen Städten und auf dem Land, die Vorträge oder Kurse anbieten, wo man Antworten auf Fragen findet und Anleitungen für Meditationen erhalten kann.

Für dieses lohnende Ziel, unsere Buddha-Natur mit Gleichgesinnten zum Nutzen aller ebenfalls zu entdecken, sind regelmäßige Meditationspraxis, Grundlagenwissen und ehrenamtliche buddhistische Aufbauarbeit wertvolle Eckpfeiler. Wo wir die Schwerpunkte setzen, wird dann je nach Empfehlung der Lehrerin, nach Talenten, bzw. Möglichkeiten und Lebensphase verschieden sein.

Letztlich müssen wir jedoch unseren Entwicklungsweg selbst (aber nicht allein) gehen und dabei leidbringende Gewohnheiten, von denen wir oft nichts wissen, ablegen. Stattdessen lernen und üben wir, wie wir mit Körper, Rede und Geist für andere und für uns selbst mehr Freude und Glück erreichen können.

Bleibt zu sagen, dass sich alle Mitwirkenden von ganzem Herzen wünschen, dass dieses Buch für möglichst viele Menschen und indirekt damit auch für andere Lebewesen hilfreich ist.

München, im April 2012   Brigitte Thelen

Einleitung

„Gefühle wie Ärger, Eifersucht oder Stolz sind natürlich. Trotzdem beeinflussen uns diese Emotionen sehr stark, ohne dass wir es wahrnehmen. Um uns selbst zu befreien, ist es notwendig, dass wir sie bemerken, klar sehen und sie als das erkennen, was sie sind, indem wir in den Geist schauen... Dieser Geist, der in seiner Essenz Klarheit, Weisheit ist und Strahlkraft hat, kann Lösungen für seine eigenen Probleme finden."

Lama Jigme Rinpoche

Eines der grundlegenden Themen im Buddhismus sind die Emotionen, und wir alle haben bereits die Erfahrung gemacht, wie wir unter Gefühlen leiden. Sie haben einen großen Einfluss auf uns, weil unsere Wahrnehmung getrübt und unser Erleben unbewusst ist. Manchmal steuern sie uns sogar regelrecht und wir sind ihnen machtlos ausgeliefert.

Wenn man sich mit dem Thema Emotionen befasst, ist es notwendig, das zunächst einmal zu erkennen.

Entsteht dann der Wunsch, mit Emotionen besser umgehen zu können, und sucht man nach Lösungen, trifft man vielleicht auf den Dharma, die Lehre Buddhas. Sie hält Informationen darüber bereit, was man tun kann, um Gefühle positiv zu nutzen und um sich von ihrem leidbringenden Einfluss zu befreien.

Mit den Methoden, die im Buddhismus angeboten werden, wird ein allmählicher Wandlungsprozess in Gang gesetzt, der mit einer Abnahme von Ablenkungen und Störungen im Geist verbunden ist. Der Geist wird mit der Zeit offener und weniger zerstreut. Das wiederum führt dazu, dass man die Ursachen für Gefühle und ihren Einfluss auf unsere Gedanken, auf das, was wir sagen und tun, besser erkennt. Es wird einem erst dann richtig klar, wie sehr die Wahrnehmung, die man von sich selbst und von der Welt hat, durch die eigenen Gefühle gefärbt und beeinflusst wird und wie wichtig es ist, die eigentliche, eigene Natur zu erkennen.

Nach und nach werden Konzepte und Wahrnehmungen, die uns ablenken und die bedingen, dass wir leiden, transparent. Schließlich gelingt es, sie genau zu erkennen, man sieht, wie sie entstehen und wie sie wieder vergehen. Sie können einen dann nicht mehr länger stören oder beherrschen, und damit ist man frei von ihrem leidbringenden Einfluss.

Ein weiteres Ergebnis ist, dass man immer besser erkennen kann, was für einen selbst und für andere wichtig ist. Wir verstehen dann, was damit gemeint ist, dass sich alle fühlenden Wesen in einem Zustand der Unwissenheit befinden, der sie im Kreislauf der Wiedergeburten und des Leidens gefangen hält.

So wie man selbst, sind auch alle anderen fühlenden Wesen in ihren Emotionen verfangen und leiden darunter. Nur wenn man das erkannt und verstanden hat, kann man sein Herz wirklich für andere öffnen und Bodhicitta entwickeln, bzw. sich dazu verpflichten. Bodhicitta ist der Erleuchtungsgeist, also eine geistige Einstellung, die nur darauf ausgerichtet ist, anderen zu nutzen. Durch diese Geisteshaltung kann man schließlich vollkommene Weisheit entwickeln, die nichts anderes als Erleuchtung ist.

1. Bewusstheit

Der menschliche Geist ist in der Lage, über den Sinn des Lebens nachzudenken und darüber, wer wir sind. Wir sind also fähig, die Natur des Lebens zu verstehen, die in den buddhistischen Lehren Samsara genannt wird.
In Samsara gibt es Bedingungen, denen man unterliegt, also zum Beispiel Leid, Vergänglichkeit oder Karma (Gesetz von Ursache und sich daraus ergebender Wirkung).

Aber um das alles wirklich zu verstehen, ist es notwendig, sich damit auseinander zu setzen. Man untersucht deshalb, ob das, was die buddhistischen Lehren sagen, auch auf einen selbst und das eigene Leben zutrifft sowie auf die Erfahrungen, die man in der Vergangenheit gemacht hat. Das ist deshalb so wichtig, weil man das, was der Dharma lehrt, nur dann korrekt umsetzen und anwenden kann, wenn man wirklich verstanden hat, was es bedeutet.

Beispielsweise befasst man sich im Buddhismus damit, welchen grundlegenden Bedingungen man als Mensch unterliegt.
Wir leben unser Leben insgesamt recht unbewusst, weil wir automatisch und eher blind den Regeln der Gesellschaft und unseren eigenen eingefahrenen Gewohnheiten folgen. So sind wir mit vielen Dingen um uns herum beschäftigt und schauen nie oder selten in uns hinein. Deshalb wissen wir auch nicht, was sich eigentlich in unserem Inneren abspielt.
Erst wenn wir mehr Aufmerksamkeit auf die Vorgänge in uns richten, beginnen wir wahrzunehmen, was Leben eigentlich ist. Anfangs ist es natürlich nicht einfach, sich bewusst darüber zu werden, was in einem selbst abläuft und darüber nachzudenken. Der Grund ist, dass wir es einfach nicht gewöhnt sind und keine Übung darin haben. Aber wenn wir ohne Druck und Stress damit fortfahren, werden wir allmählich ein Gefühl dafür bekommen, wer wir wirklich sind.
Vor allem ist es dann möglich, eine ganz andere, glücklichere Art des Seins zu entdecken.
Die buddhistischen Lehren raten uns also, tiefer gehend zu suchen, wenn wir mit Schwierigkeiten konfrontiert sind, um besser zu verstehen, was wir tun und warum wir es tun.

Wenn Schwierigkeiten auftreten, suchen wir zwar normalerweise nach einem Ausweg und überlegen, was wir anders machen könnten. Ist das Problem dann gelöst, machen wir aber leider meistens wieder so weiter wie vorher, ohne uns grundlegend zu ändern.

Zeitlich begrenzte Methoden helfen auch nur kurzfristig weiter

Unsere Probleme scheinen endlos zu sein. Ist ein Problem gelöst, taucht ein anderes auf. Selbst wenn wir Probleme ignorieren oder unterdrücken, verschwinden sie nicht, wir begegnen ihnen wieder.
Jeder hat hier seine eigenen Methoden entwickelt, um mit den vielen verschiedenen Schwierigkeiten zurechtzukommen und sich zeitweise besser zu fühlen. Natürlich sind zeitlich begrenzte Lösungen auch notwendig, sie helfen uns, mit den verschiedenen Dingen, die uns konfrontieren, umzugehen und zeitweise Erleichterung zu finden. Aber unsere behelfsmäßigen Lösungen sind nicht effektiv genug, um die Probleme wirklich endgültig zu beseitigen.

Im Gegenteil, diese Einstellung, Probleme zu negieren und zu unterdrücken, ist genau der Grund dafür, warum wir sie bis zum heutigen Tag haben. Deshalb sollten wir uns also nicht nur auf diese Strategie verlassen.

Angenommen, man hat gerade mit einem Freund gestritten. Man fühlt sich nicht gut und ist beunruhigt. Weil man unglücklich ist, spricht man vielleicht mit einer Lama, mit einer Freundin oder auch mit einer Therapeutin. Geht es einem besser, denkt man, alles sei wieder in Ordnung und belässt es dabei.
Aber einige Tage später hat man dann einen anderen Streit, und wieder geht es einem schlecht.

Oder man hat Rückenschmerzen, geht zum Arzt und lässt sich eine Spritze geben. Dann fühlt man sich besser, aber einige Tage später ist der Schmerz wieder da, weil die Ursache nicht beseitigt wurde.
Ein Arzt hat mir hierzu erklärt, dass es wichtig ist, das erkrankte Organ zu behandeln, nicht nur die Symptome der Krankheit. Die erforderlichen Mittel sollten dann so lange eingenommen oder angewendet werden, bis das Organ wieder ganz gesund ist.

Das Gleiche gilt für den geistigen Schmerz. Es ist entscheidend, dass man nicht vergisst, grundlegend Abhilfe zu schaffen, wenn man sich gerade wieder gut fühlt.

Die Lehre Buddhas ist zwar eine effektive Medizin, aber man muss sie weiternehmen, dann werden eines Tages sämtliche Schwierigkeiten vorbei sein.

Alle ganz großen Lamas sahen sich mit Problemen konfrontiert, als sie mit dem Dharma-Weg begannen. Aber sie blieben beharrlich bei ihrer Praxis und wendeten den Dharma kontinuierlich an, während sie sich die ganze Zeit über ihrer misslichen Lage in Samsara bewusst waren. Dann erreichten sie allmählich den Punkt, wo sie in der Lage waren, alle ihre relativen Probleme zu lösen. Sie fuhren mit ihrer Praxis fort und erreichten schließlich eine gewisse Verwirklichung von Weisheit. Dann machten sie ohne Hindernisse weiter, bis sie das letztendliche Ziel erreichten.

Sie fanden also eine Behandlungsanleitung für ihre Beschwerden, und blieben dabei, bis sie völlig geheilt waren.

Der Prozess ist ohne Frage lang. Gampopa und andere große Lehrer bestätigten das. Wir können uns also entspannen, wir brauchen uns nicht zu beeilen oder uns Sorgen zu machen. Man nimmt sich die Zeit, die man braucht, um den Dharma-Weg Schritt für Schritt zu gehen, wendet an, was in den buddhistischen Lehren gesagt wird und macht so ohne Stress jeden Tag kontinuierlich weiter.

Unwissenheit führt zur Illusion

Buddha lehrte, dass alles eine Illusion ist, auch unsere Wahrnehmung an sich ist eine Illusion. Da unsere Kenntnis aber unklar und bruchstückhaft ist und wir die ganze Bandbreite der Realität nicht sehen können, erkennen wir das nicht. Deshalb haben wir dann gar keine andere Wahl, als die eigenen verwirrten Illusionen, die wir für die Realität halten, zu leben. Dabei werden wir verführt von einer Unzahl von Emotionen und dem Leiden, das damit verbunden ist.

15

So meinen wir ja auch, dass das, was wir denken und glauben, wahr sei, und dass wir viel wüssten, auch über die allgemeinen, alltäglichen Dinge.

Wir gehen beispielsweise davon aus, dass unser Potenzial aus unseren Fähigkeiten und unserem Wissen besteht. Tatsächlich ist das grundlegende Potenzial eines jeden aber, dass man die Erleuchtung erreichen kann, also die Buddha-Natur hat, und das trifft auf alle fühlenden Wesen zu.

Unwissenheit ist der Grund dafür, dass wir uns dessen nicht bewusst sind. Damit ist übrigens nicht Dummheit oder mangelnde Intelligenz gemeint. Unwissenheit bedeutet, dass unsere Sicht getrübt ist, und deshalb können wir unsere Buddha-Natur nicht klar erkennen und verstehen.

Das Ergebnis ist dann, dass wir nicht wissen, was wirklich wichtig ist und was wir tun sollten. Deshalb folgen wir unseren Ideen, Impulsen und Gefühlen, und damit verstärken wir unsere Illusionen und Verblendungen nur.

Die Unwissenheit wird immer größer und wir entfernen uns immer weiter davon, klar zu erkennen, was uns und anderen tatsächlich hilft. Ohne es zu wissen schaffen wir mehr Schaden, mehr Negativität, die dann wiederum zu mehr Leiden führt.

Es ist ein endloser Kreislauf, der uns im Leiden gefangen hält, es ist der Kreislauf von Samsara.

Im Moment kann man daran noch nichts ändern, und es erweist sich schon als eine Herausforderung, den buddhistischen Belehrungen auf etwas höherem Niveau zuzuhören und tiefer gehend darüber nachzudenken. Es ist auch nicht einfach, sofort ihren genauen Sinn zu begreifen.

Vielleicht denken wir, dass wir verstanden haben, was gemeint ist, aber es entzieht sich uns doch. Wäre unsere Wahrnehmung dagegen völlig klar, würde uns das einfache Lesen von buddhistischen Büchern erleuchten.

Abstand nehmen, zuhören und nachdenken

Es gibt eine Methode, die zunächst einfach erscheint, die aber nicht so leicht umzusetzen ist, die Rede ist hier von der Praxis, bewusst zu sein. Sie besteht darin, von sich selbst innerlich Abstand zu nehmen und zu versuchen, sich der eigenen Gedanken, Gefühle und Reaktionen bewusst zu werden und sie zu sehen. Das sollte man gerade auch in alltäglichen Situationen und Begegnungen tun.

Hierbei übt man entsprechend den Anleitungen, die die Lehren des Buddha geben. Das heißt, zunächst sollte man etwas über die Bedeutung der äußeren und inneren Bedingungen hören, denen man unterliegt, und darüber nachdenken. Zunächst ist das schwierig, weil die Gewohnheit, weiterzumachen wie bisher, einfach sehr stark ist. Auch hat man nie untersucht, wie man den Dharma ganz praktisch im Alltag anwenden kann.

Wie bereits ausgeführt, denkt man zwar immer wieder, man wüsste, worum es in den buddhistischen Erklärungen geht, eben weil Vieles so einfach klingt. Aber wir haben es eben nicht wirklich begriffen, weil uns unsere derzeitigen geistigen Gewohnheiten daran hindern, und das ist das Hauptproblem. Deshalb ist es also gut, genauer zu schauen, zu versuchen, zu verstehen was gemeint ist, und Fragen zu stellen. Dabei geht man ohne Stress und Druck vor, das wird zu guten Resultaten führen.

Beispielsweise findet man im Dharma viele schöne Lieder und Gedichte. Und man wird zahlreichen philosophischen Begriffen und Konzepten begegnen, die einem alle sehr tiefgründig erscheinen. Auch wenn sie sehr wichtige Aussagen beinhalten, sollte man sich nicht von der poetischen Sprache oder von den Bildern irreleiten lassen. Es ist stattdessen besser, sich zu fragen, was der Sinn ist. Was also sagen die Worte über die Ursachen unserer Handlungen als menschliche Wesen? Was sagen sie zu den unvermeidbaren Ergebnissen, die sich daraus ergeben werden, in Bezug auf Karma?

Wenn man versteht, dass die Situation, in der sich jeder Einzelne befindet, durch das Gesetz von Ursache und Wirkung erklärt werden kann, wird man dadurch allmählich alle Bedingungen des Daseinskreislaufes verstehen. Und man wird viel mehr Klarheit gewinnen. Dann kann man auch immer besser erkennen, wie man mit den Ablenkungen und Schwierigkeiten im Leben umgehen kann.

Allmählich versteht man, was mit den buddhistischen Belehrungen gemeint ist und wird mit den verschiedenen Gedanken, Konzepten, Dialogen und Gefühlen in einem selbst und bei anderen vertraut. Mit der Zeit wird diese Art der Reflexion als neue Gewohnheit angenommen. Und je vertrauter man damit wird, die Dinge auf einer tiefer gehenden Ebene zu betrachten, desto klarer wird der Geist.

Es ist also nützlich, so oft wie möglich über die buddhistischen Erklärungen nachzudenken und das täglich fortzuführen. Was man bei sich selbst beobachtet, zum Beispiel Schwierigkeiten oder Erfahrungen, sollte man mit Freunden besprechen, wobei man sich gegenseitig sorgfältig zuhört, damit man versteht, was gemeint ist. Es ist auch hier gut zu fragen und bei den Antworten versucht man nicht nur, die Worte zu hören, sondern vor allem auch zu erfassen, was damit gemeint ist.

Insgesamt benötigt man viel Praxis an innerer Introspektion und Reflexion. Es wird Zeit kosten und das Ergebnis wird sich nicht gleich einstellen. Aber es wird allmählich immer leichter zu verstehen, was gemeint ist. In dieser Hinsicht ist es dann doch auch wieder recht einfach.

2. Die Emotionen

Wenn man das Wort „Emotion" hört, denkt man an Gefühle, also beispielsweise Glück, Ärger oder Angst. Diese Gefühle können körperlich sein, oder geistig, oder beides. Nach den buddhistischen Belehrungen erscheint zunächst allerdings nicht das Gefühl, sondern eine Bewegung oder Störung im Geist. Diese anfängliche Bewegung oder Störung ist Ursache für das, was dann kommt. Sie hat also das Potenzial, sich zu einem Gefühl oder einer Emotion weiterzuentwickeln. Die Begriffe „Gefühl" und „Emotion" sind hierbei austauschbar.

Die Bewegung oder Störung ist somit „eine Ursache für eine Emotion" oder eine „emotionale Ursache", im Tibetischen gibt es ein Wort, das genau diese Bedeutung hat. Gefühle von Glück, Unglück oder andere Emotionen entwickeln sich also allesamt aus emotionalen Ursachen.

Insgesamt unterscheidet man drei ursprüngliche emotionale Ursachen, die alle mit dem Greifen nach unserem Ich verbunden sind, und zwar Unwissenheit, Anhaftung und Abneigung.
Verschiedene Kombinationen aus diesen dreien in unterschiedlichem Ausmaß führen zu vielen anderen Emotionen, zum Beispiel Stolz, Eifersucht, Neid oder Erwartungen. Hat man das verstanden, kann man als Nächstes lernen, wie man mit den emotionalen Ursachen umgeht, damit man sie konstruktiv nutzen kann, anstatt unter ihnen zu leiden.

Nehmen wir einen elektrischen Stromkreis als Analogie. Die Elektrizität entspricht der Störung oder der emotionalen Ursache. Wenn wir etwas von Elektrizität verstehen und damit umgehen können, dann sind wir in der Lage, den Stromkreis richtig mit einer Glühbirne zu verdrahten. So erhalten wir Licht, was sehr nützlich ist.
Aber wenn wir nicht wissen, wie wir mit dem Kabel umgehen, uns darin verwickeln und möglicherweise einen Stromschlag bekommen, haben wir uns selbst geschadet.

Tritt also eine emotionale Ursache wie beispielsweise Stolz auf, dann können wir das auch positiv nutzen. Stolz zeigt uns nämlich, dass wir mal wieder an uns selbst anhaften. Und wenn wir uns daran erinnern, was der Dharma zu Stolz lehrt, wissen wir, dass Stolz, wenn wir ihm freien Lauf lassen, dazu führen wird, dass wir leiden werden. Also entscheiden wir uns dafür, das nicht zu tun. Stattdessen versuchen wir mehr an andere zu denken, mehr Rücksicht auf sie zu nehmen und uns weniger mit uns selbst und unserem Ego zu befassen.

Es kann auch sein, dass man gar nicht weiß, dass Stolz die Ursache dafür ist, dass man sich gerade schlecht fühlt. Man ist sich dessen also nicht bewusst. Aber selbst wenn man sich darüber klar ist, dass man stolz ist, weiß man vielleicht nicht, wo Stolz hinführt und wie man mit ihm umgeht. Dann kann offene Arroganz entstehen, oder, noch schlimmer, Stolz kann dazu führen, dass man Gewalttaten damit rechtfertigt.

Wie wir mit einer emotionalen Ursache umgehen, ist also entscheidend dafür, ob das Ergebnis positiv, neutral oder negativ ist. Emotionen sind Teil unserer menschlichen Bedingungen, sie sind nicht schlecht an sich. Wenn wir genau genug hinschauen, werden wir feststellen, dass die Wurzeln für unsere Gefühle auch positiv sein können. Wir sind diejenigen, die, ohne es zu wissen, etwas Negatives daraus machen. Es ist wirklich sehr wichtig, dass wir das verstehen.

Man kann das auch an folgendem Beispiel verdeutlichen: Angenommen, man fährt nach Feierabend auf der Autobahn nach Hause. Es gibt einen Stau und man kommt eine halbe Stunde lang nicht weiter. Plötzlich wechselt der Fahrer neben einem auf den Seitenstreifen und fährt davon. Man weiß, dass er bald zu Hause sein wird, und bemerkt eine gewisse Störung bei sich. Warum ist das so? Weil man in etwa denkt: „Er hätte das nicht tun sollen. Der Seitenstreifen muss für Notfälle freibleiben. Es wird vielleicht sogar einen Unfall verursachen. Was, wenn wir alle dort fahren würden?! Man stelle sich das Chaos und die Gefahr vor!"
Zuerst ist man eigentlich auf die Verkehrssicherheit und das Wohl der anderen bedacht. Aber sehr schnell entwickelt sich die emotionale Ursache zu Neid. Man denkt: „Warum sollte er damit davonkommen? Warum sollte ich es nicht aus so machen, auch ich bin spät dran?! Ich will nicht schlechter wegkommen als er."
Inzwischen ist die anfängliche Störung zu einer stärkeren Emotion eskaliert, nämlich zu Ärger. Dann, wenn man zu Hause ist, erklärt, warum man zu spät heimkam, und erzählt, dass ein Autofahrer auf dem Seitenstreifen davonfuhr, schimpft man womöglich über den Mann.

Die an sich richtige Wahrnehmung, dass er verantwortungslos gehandelt hat, ist zu regelrechtem Hass ausgeartet. Das ist die Art und Weise, wie wir einer emotionalen Ursache erlauben, sich zu etwas ziemlich Negativem auszuwachsen.

Ist man aber in der Lage, das Entstehen der emotionalen Ursachen im eigenen Geist zu entdecken und sich ihrer damit bewusst zu werden, führt das dazu, dass man sich nicht von ihnen vereinnahmen lässt. Wenn man weiß, was der Dharma hierzu lehrt, und wenn man dieses Verständnis im Geist hält, wird sich das Bewusstsein danach auch korrekt ausrichten.

Naturgemäß beruht dabei unser Verständnis auf den Worten, die wir lesen oder hören, denn um etwas in jeder gegebenen Situation erfolgreich anwenden zu können, muss man es richtig verstanden haben. Deshalb ist es irreführend, die emotionalen Ursachen mit Begriffen wie „Störgefühle" oder „negative Emotionen" zu bezeichnen. Unglücklicherweise ist das die gängige Übersetzung. Zum einen geht damit aber leider der Aspekt der Ursache verloren. Zum anderen unterstellt das Adjektiv „negativ", dass Gefühle nur schlecht sind. Das führt ganz automatisch dazu, dass man mit der negativen Emotion, die man in sich wahrnimmt, nichts zu tun haben will.

Wenn man dann zum Beispiel entdeckt, wie Begierde in einem entsteht, wird man es sofort als etwas Negatives beurteilen, denn es ist ja eine „negative Emotion". Deshalb versucht man sie loszuwerden oder sie zu unterdrücken. Beides sind allerdings falsche Herangehensweisen. Das Schlechteste dabei ist, dass man die Gelegenheit verpasst hat, seine Begierde zu verstehen, und das wäre nützlich gewesen. Aber wenn man verstanden hat, dass Begierde eine emotionale Ursache ist, weiß man, dass es noch andere Möglichkeiten gibt, damit umzugehen.

Emotionale Ursachen sind also nicht sofort negativ. Allerdings stimmt es schon, dass die Ursache dafür, dass eine Bewegung oder Störung im Geist entsteht, unsere grundlegende Unwissenheit ist und die daraus resultierende Anhaftung an unser Ego. In der Folge entstehen dann Gefühle, die uns zu negativen Handlungen verleiten, die dann unvermeidlich in Leiden enden.
Das ist also der negative Aspekt an der emotionalen Ursache.

Wie Emotionen zu Problemen führen

Gefühle stören also unseren Geist, trüben und verändern unsere Wahrnehmung und verzerren die Fakten. Womöglich treffen wir unter ihrem Einfluss falsche Entscheidungen, die dann leidvolle Handlungen nach sich ziehen. Das Ergebnis kann viel Frustration und Unglück sein, eventuell ist man auch ausgelaugt oder hilflos. Deshalb sind Emotionen oft Gegenstand von Diskussionen und buddhistischen Unterweisungen.

Fühlt man sich beispielsweise von einem Menschen gestört, ist man schlecht gelaunt. Als Folge davon sagt man möglicherweise etwas Gemeines und benimmt sich anderen gegenüber verletzend.
Fühlt man sich aber sehr wohl, weil man bekommen hat, was man haben wollte, kann man auch sehr nett zu anderen sein.

Beide Zustände halten aber nicht an, sie sind vergänglich. Was immer wir erreichen, wir werden es sicher wieder verlieren, es wird sich definitiv ändern oder kaputtgehen. Auch unsere Gefühle ändern sich ständig, in einem Moment fühlen wir uns glücklich, später traurig oder aufgewühlt und dann geht es uns wieder ganz gut. Auch wenn es uns so vorkommt, sind emotionale Ursachen und Gefühle nie länger als einen Augenblick wirklich gleich. Das ist sozusagen ihre gute Seite.

Es ist sehr wichtig, klar zu sehen, dass das so ist, und dass wir so sind. Sonst kommt zu viel Verwirrung auf und wir erkennen die wahre Bedeutung der Dinge nicht. Unsere geistigen Ablenkungen und Störungen würden dann niemals aufhören und damit auch unsere Probleme nicht.

Der Punkt ist allerdings nicht, dass man nichts mehr fühlen sollte. Man sollte seine Vorlieben und Abneigungen nicht unterdrücken, sondern erkennen, wie man davon beeinflusst wird und dass man so sein Leben lebt.

Uns unserer Ich-Anhaftung bewusst sein

Dharma-Praxis bedeutet, dass man sich bewusst zu werden versucht, dass man am Ich festhält. Erst diese Anhaftung an das Ich löst die emotionalen Ursachen und damit die Emotionen aus.

Im Moment beherrschen uns die emotionalen Ursachen allerdings noch, weil es uns an Bewusstheit mangelt. Deshalb führen sie zu Spannungen, die sich zu stärkeren Emotionen entwickeln, wir fühlen uns gestört, finden keine geistige Ruhe und sind unglücklich.

Sich der Ich-Anhaftung bewusst zu sein ist somit die Voraussetzung dafür, die emotionalen Ursachen erkennen zu können, und es ist möglich sich aller emotionalen Ursachen bewusst zu werden. Mit dieser grundlegenden Erkenntnis beginnt der Weg, der uns endgültig aus dem Leiden herausführt. Er fängt damit an, dass man sich dafür entscheidet, im gegenwärtigen Moment achtsamer zu sein, damit man nicht unter den Einfluss der emotionalen Ursachen gerät.

Allerdings bedeutet das nicht, dass die formale Meditation nicht von Nutzen ist. Oft wird Dharma-Praxis ja mit Meditation gleichgesetzt, was natürlich auch stimmt. Meditation ist deshalb wichtig, weil wir in der Meditation lernen, Bewusstheit zu entwickeln.
Aber Meditieren hat keinen Sinn, wenn man dann nach 2 Stunden rausläuft und alle Leute durcheinanderbringt.

Bei der Praxis von Bewusstheit gibt es allerdings eine Falle, die wir vermeiden müssen, das ist Selbstbezogenheit.

Normalerweise denkt man ja: „Ich tue etwas, jetzt schaue ich in mich hinein."
Aber genau wir sind das Problem. Wenn wir keine Bewusstheit haben, besteht die Gefahr, dass wir nur immer weiter nach dem Ich greifen. Um uns von dieser Selbstbezogenheit zu befreien, entwickeln wir Bodhicitta, das bedeutet, dass wir andere als mindestens so wichtig ansehen sollten wie uns selbst. Was immer wir tun, wir sollten es also für das Wohl der anderen tun.

Dann denkt man auch ganz anders, also: „Wenn ich schaue, was in mir vor sich geht, um mich selbst zu verstehen, dann mache ich das nur, damit ich verstehen kann, was in anderen abläuft. Dann kann ich sie unterstützen und ihnen helfen, denn die Gefühle und ihre emotionalen Ursachen funktionieren bei jedem von uns gleich."

Weiter sollte man in Betracht ziehen, dass sich das, was man tut, auch auf andere auswirkt, so wie uns deren Handlungen beeinflussen. Wir sind alle miteinander verbunden, alleine diese Erkenntnis wird uns bereits helfen, die Intensität unserer Ich-Anhaftung und unserer Emotionen zu vermindern. Wenn man sich um andere kümmert, bedeutet das aber nicht, dass man nicht mehr am Ich anhaftet. Bis zu einem gewissen Ausmaß ist dieses Greifen immer noch vorhanden, aber unsere Sichtweise verschiebt sich. Das ist es, worum es geht. Abgesehen von unseren eigenen Interessen werden wir beginnen, mit dem, was wir tun, andere zu unterstützen.

Beispielsweise versuchen wir gemeinsam, die Umwelt sauberzuhalten. Wir werfen also den Müll nicht auf die Straße. Menschen, die die Umwelt verschmutzen, interessieren sich nur für ihre eigene Bequemlichkeit, es kümmert sie nicht, dass auch noch andere da sind. Würden sie das in Betracht ziehen, würden sie keinen Unrat auf die Straße werfen.

Dieses Beispiel zeigt uns, dass unsere Einstellung unsere Handlungen bestimmt. Wären wir achtsam, dann wäre es normal, bestimmte Dinge aus Fürsorge für andere nicht zu tun. Somit entwickelt sich Bodhicitta, und ein Effekt von Bodhicitta ist, dass die emotionalen Ursachen sowohl bei uns als auch bei anderen offensichtlicher werden. Das Erkennen der emotionalen Ursachen führt gleichzeitig dazu, dass wir entspannter sind, so dass wir klarer erkennen können, was in jeder Situation notwendig ist.

Es ist notwendig, dass wir uns ändern wollen

Wenn man sich für etwas interessiert, dann macht es normalerweise Spaß, sich damit zu befassen.

Lernt man zum Beispiel gerne, wird man jeden Tag damit verbringen wollen und eine Vorliebe dafür entwickeln, sein Wissen zu vermehren. Aber wenn man nur lernt, um eine Prüfung zu bestehen, wäre man doch lieber am Strand oder in einem Club. Man hat nicht das Gefühl, dass es notwendig ist, sich hinzusetzen und den Stoff durchzugehen, und Lernen wird zu einer Last.

Dasselbe gilt für unsere Arbeit mit den Emotionen. Die buddhistische Lehre gibt uns die richtigen Methoden an die Hand, und es ist wichtig, sich daran zu halten, was im Dharma gesagt wird. Aber es muss uns auch wirklich ein Anliegen sein, uns zu ändern und uns von der Kontrolle der Emotionen zu befreien, sonst haben wir kein Interesse daran, deswegen etwas zu unternehmen.

Durch eigene persönliche Erlebnisse wird man dann zunächst einmal damit vertraut, was im eigenen Inneren vor sich geht, erst dann hat man die Möglichkeit, sich selbst zu berichtigen.
Wir werden dann immer weniger durch unsere Emotionen gestört. In der Folge wird das Leiden nachlassen, weil wir weniger Schaden anrichten, denn wenn man leidet, ist das ja das Ergebnis von leidbringenden Taten, die man vorher begangen hat. Deshalb sollte man auch sorgfältig darüber nachdenken, was leidvoll ist und was die Ursachen für leidbringende Taten sind.

Ganz allmählich wird unser Verständnis zunehmen, unser Geist wird offener und freier, unsere Taten positiver und unsere Kommunikation und Interaktion mit anderen wird nützlicher und segensreicher.

Das führt dann dazu, dass wir erkennen, wie wichtig Bodhicitta ist, und tatsächlich ist Bodhicitta eine von zwei notwendigen Bedingungen, die uns dazu befähigt, wirksam mit den emotionalen Ursachen umzugehen.

3. Bodhicitta

Die gängigste Übersetzung für Bodhicitta ist „Liebe und Mitgefühl", auch die Bezeichnungen „erleuchtete Geisteshaltung" oder „erleuchtete Einstellung" sind üblich.

Tatsächlich handelt es sich bei Bodhicitta um die Beschreibung für einen Geist, der vollkommen darauf ausgerichtet ist, für andere von Nutzen zu sein. Perfektes Bodhicitta ist also nichts anderes als Erleuchtung ausgedrückt in Taten, und es ist viel mehr als „altruistisch sein".
Diese Qualität unseres Geistes ist etwas ganz Natürliches, sie ist kein Konzept, nicht von unserem Geist getrennt und auch nicht von unseren Handlungen. Ungekünstelt und völlig unvorgefertigt führt Bodhicitta nicht zu den üblichen Frustrationen, wie sie bei den normalen Handlungen auftreten können oder bei den so genannten „guten Taten".

Allerdings kann man nicht allein aufgrund des äußeren Anscheins beurteilen, ob jemand mit Bodhicitta handelt. Entscheidend ist hier, wie die Motivation für eine Handlung ist. Das bedeutet, dass zwei Handlungen, die äußerlich gleich aussehen, unterschiedlich motiviert sein können und somit auch unterschiedliche karmische Ergebnisse zur Folge haben werden. Ist die Motivation, ausschließlich zum Besten von anderen zu handeln, so ist das Bodhicitta, hat man aber nur das eigene Wohl im Auge, wird Bodhicitta vernachlässigt. Häufig ist die Motivation für Handlungen jedoch gemischt, sie ist also nicht nur positiv oder negativ.

Weiter ist Bodhicitta nichts, was man zur Schau stellt. Man macht also keine öffentliche Demonstration daraus, wie man sein Leben anderen widmet, und es ist auch keine Art von Märtyrertum. Wie oben bereits aufgeführt wurde, gehört die erleuchtete Geisteshaltung zu unserer Natur, deshalb gibt es keinen Grund sich aufzuspielen, etwas zu kreieren oder künstlich aufzubauschen. Bodhicitta ist eine Qualität, die wir bereits haben, nämlich diese offene Bereitschaft, sich um andere zu kümmern. Diese Qualität entwickeln wir. Für manche Menschen ist es allerdings schwierig, sich diese völlige Offenheit des Geistes auch nur vorzustellen.

Auch wenn wir noch nicht wissen, wie wir mit Bodhicitta handeln können, ist es notwendig zu erkennen, wie wichtig die erleuchtete
Geisteshaltung ist. Aber indem wir damit beginnen, die Dinge anders
wahrzunehmen, lernen wir, anders hinzuschauen, und dann werden uns
Dinge auch anders erscheinen.

Insgesamt sollten wir zunächst einmal wissen, warum wir überhaupt
Bodhicitta entwickeln sollten, danach fangen wir erst an, uns darum zu
bemühen. Es ist wichtig, diese Reihenfolge einzuhalten, bzw. so heran-
geführt zu werden, denn dann ist es relativ einfach, uns zu ändern.
Andernfalls wird unsere Verwirrung endlos sein.

Über den eigenen Horizont hinausschauen

Wenn man sich mit Bodhicitta auseinandersetzt, kann es vorkommen,
dass man seine eigene Interpretation hineinmischt und die eigenen
Sichtweisen. Wahrscheinlich wird die eigene Ansicht darüber, was
Bodhicitta sein soll, sogar noch verstärkt, wenn man sich damit befasst.
Aber das ist ganz normal, man macht die Dinge immer auf seine eigene persönliche Art und Weise. Wichtig ist nur, dass man weiß, dass sich
die eigene Interpretation der Lehre Buddhas vor die wirkliche
Bedeutung schieben kann. Man sollte sich also seiner eigenen Voreingenommenheit bewusst sein.

Weiter ist es oft recht einfach, dem Dharma zuzustimmen, weil er Sinn
macht und leicht zu verstehen zu sein scheint. Aber es gibt vielleicht
doch eine gewisse Voreingenommenheit und Widerstände. Einige
Aspekte des Dharma flößen uns möglicherweise sogar etwas Furcht
oder Unbehagen ein.
Der Grund ist, dass man generell zunächst Widerstand gegen Dinge
hat, die ungewohnt und neu sind, weiter dauert es auch einfach seine
Zeit, bis man sich sich selbst gegenüber öffnen kann. Wir sind alle so.
Generell gibt es da eben diese Tendenz, den eingetretenen Pfaden zu
folgen und dabei die wichtigsten Punkte zu verpassen.
Man denkt beispielsweise: „Ich hab's verstanden."
Aber im nächsten Moment ist die Erkenntnis wieder weg und man ist
wieder in den alten Gewohnheiten verfangen. Der Grund dafür, dass wir

immer wieder feststecken, ist, dass wir die Bedeutung eben nicht verstanden haben.

So hat Buddha beispielsweise die vier edlen Wahrheiten gelehrt und wenn man sie das erste Mal hört, zweifelt man, ob es wirklich so viel Leiden gibt. Denkt man immer wieder darüber nach und schaut sorgfältiger hin, bei sich und in seiner Umgebung, stellt man mit der Zeit fest, dass sie vollkommen wahr sind. Dann ist man motiviert, sich die Zeit zu nehmen und einen Ausweg aus dem Leiden zu suchen. Das ist es, was damit gemeint ist, selbst die Bedeutung einer Belehrung zu entdecken, Schritt für Schritt.

Deshalb sollte man gründlich über das nachdenken, was der Dharma sagt. Damit stellt man sicher, dass das eigene Verständnis so klar und genau wie möglich ist. Das gilt natürlich auch dann, wenn man meint, man wüßte schon, worum es geht, oder wenn es Schwierigkeiten gibt.

Gerade diese Schwierigkeiten und Widerstände erschweren es, richtig zuzuhören, denn wir sind daran gewöhnt, Unannehmlichkeiten zu vermeiden. Aber es ist notwendig, dass wir uns durch unsere Probleme durcharbeiten. Indem wir unseren Schwierigkeiten ins Auge sehen und lernen mit ihnen umzugehen, bewegen wir uns in die richtige Richtung. Wir befassen uns ja gerade mit den buddhistischen Belehrungen wegen der vielen Methoden, die uns helfen, mit Problemen zurechtzukommen und sie eines Tages alle zu lösen.

Bodhicitta entsteht, wenn wir erkennen, welchen Bedingungen die fühlenden Wesen unterliegen

Was Buddha sah, ist recht verschieden von unserer eigenen Sicht zum jetzigen Zeitpunkt. Wenn er über die Bedingungen und Schwierigkeiten der fühlenden Wesen lehrte, bezog er sich nicht nur auf das Vorkommen von Problemen, mit denen wir immer mal wieder konfrontiert sind. Vielmehr sah er, dass die Bedingungen für alle allgemein gültig sind und wirklich ausnahmslos auf das Leben jedes einzelnen fühlenden Wesens zutreffen.

Eine dieser Bedingungen, denen wir alle unterliegen, ist, dass wir uns nicht klar darüber sind, was zu tun und was zu lassen ist, und deshalb leiden wir.

Beispielsweise versuchen die meisten Leute, wirklich ehrlich zu sein, und wir alle tun unser Bestes. Trotzdem verursachen unsere Anstrengungen oft mehr Schwierigkeiten und Leid als Glück. Buddhas und Bodhisattvas dagegen sehen die wahren Bedingungen, denen wir alle unterliegen und wie wir in unseren Schwierigkeiten festsitzen. Sie sehen, dass wir ohne entsprechende Informationen aus Unwissenheit unfähig sind, uns daraus zu befreien. Sie wissen, wie sehr wir leiden, alles mögliche versuchen und doch im Leid verfangen bleiben. Deshalb empfinden sie ganz natürlich tiefe Liebe und tiefes Mitgefühl für uns und so erklären sie unermüdlich immer und immer wieder zu unserem Nutzen die Lehre Buddhas, den Weg, der unser Leid beenden kann.

Leider kann uns aber niemand direkt zeigen, wie man sieht, was bei uns und anderen abläuft. Wir müssen es selbst lernen. Deshalb verwenden wir das, was im Dharma gelehrt wird, und untersuchen und analysieren die Bedingungen von uns und anderen um uns herum.

Beispielsweise sieht man dann Menschen, die viele Ideen haben, aktiv sind und eine Menge Projekte unter dem Motto „helfen" ausführen. Aber ihre selbstbezogenen Motive führen dazu, dass die Konsequenzen leidvoll sind und immer noch mehr Leid entsteht.

Wenn jemand zum Beispiel mit dem Rechtssystem vertraut ist, kann er Wege finden, um Menschen zu schaden, die sich hier nicht auskennen. Um seine eigene Ziele zu erreichen, bringt er sie in Schwierigkeiten mit dem Gesetz, er zieht andere mit hinein und es gibt langfristig negative Folgen für alle Beteiligten. Auf diese Weise ist er schlimmer als die anderen. Trotzdem ist er sich überhaupt nicht klar darüber, was er tut und wie viel Leid er verursacht. Er denkt vielleicht sogar, er sei auf der Seite des Gesetzes und würde anderen helfen.

Wenn wir uns also fragen, warum wir Liebe und Mitfühl gegenüber allen fühlenden Wesen entwickeln sollten, dann ist die Anwort, weil wir verstehen und erkennen, dass die grundlegenden Umstände wirklich ohne Ausnahme für alle gleich sind.
Beispielsweise gehört dazu auch die Art, wie uns unsere Gefühle beeinflussen, wie wir alle ihnen ausgeliefert sind und wie daraus, ohne dass wir es wollen, immer wieder Leid entsteht. Erkennt man das, entsteht Bodhcitta von ganz alleine. Erkennt man das nicht, so kann man es

nicht wirklich entwickeln, selbst, wenn man es wollte. Um Bodhicitta zu entwickeln, ist es also nötig, die Bedingungen, denen wir unterliegen, klarer erkennen zu können. Und um mehr Klarheit zu erreichen, ist es hilfreich, sich einiger Schleier bewusst zu sein, die unsere Sicht blockieren und verzerren. Man kann sie auch als Konzepte in unserer Wahrnehmung bezeichnen.

Das Konzept des Bewertens

Erleuchtete Wesen machen keinen Unterschied in ihrer Liebe und in ihrem Mitgefühl für alle fühlenden Wesen. Wenn wir dagegen lieben, ist es emotional, verbunden mit Begierde. Es ist deshalb nicht völlig aufrichtig und führt zu Leiden. Man fühlt zwar Liebe, aber es ist auch irgendwie wie eine Maske, die man aufsetzt.
Anders als der Geist der Buddhas ist unser Geist eben sehr oft damit beschäftigt, zu unterscheiden und zu be- und verurteilen.

Es kann deshalb zunächst schwierig sein zu verstehen, was mit Bodhicitta gemeint ist, das ist aber nichts Ungewöhnliches. Das ständige Bewerten verengt und trübt die eigene Sicht, wir unterscheiden und damit entsteht Dualität.
Man denkt: „Das ist richtig, das ist gut so, das mag ich.", und „Das ist falsch, das will ich nicht."
Oder auch: „Es sollte so oder so sein."
Weil man in diesem dualistischen Denken verfangen ist, kann man keine Liebe und kein Mitgefühl entwickeln. Obwohl die Fähigkeit, Unterschiede zu erkennen auf eine gewisse Klarheit des Geistes hindeutet, ist das dauernde Bewerten eher ablenkend als klärend. Die eigentliche Wirklichkeit entzieht sich dann nämlich, und weil man mit der Realität auf Kriegsfuß steht, weist man sie zurück, ist unglücklich und verwirrt. Es wird in der Folge immer schwerer, Raum im Geist zu finden, um Klarheit zu gewinnen und sich zu entwickeln. Wieder sitzt man in der Falle und unterliegt dem kontinuierlichen Kreislauf von Samsara.

Man sollte also seine Gewohnheit zügeln, immer gleich auf Bewertungen und Schlussfolgerungen aufzuspringen, und auf das, was man schon immer gedacht, gesagt und getan hat.

Stattdessen ist es besser, nicht immer die Unterschiede zu sehen, sondern seine Aufmerksamkeit darauf zu richten, dass alle fühlenden Wesen grundlegend gleich sind und dass alle den gleichen Bedingungen unterliegen.
Beispielsweise wollen wir alle Glück erreichen und Leid vermeiden. Wenn man sehen kann, dass das wirklich für alle fühlenden Wesen gilt, wird man ausgeglichener und die Wahrnehmung wird klarer. Mehr Klarheit führt zu größerer Freiheit, Freiheit vom Leid, und natürlich auch Freiheit von Nicht-Klarheit. Dann kann man besser erkennen, was benötigt wird, was wichtig ist und was zu tun ist.

Es ist also zum einen unsere Einstellung, von der es abhängt, ob unser Bodhicitta echt ist. Weiter ist unsere klare Sicht für die Qualität unseres Bodhicittas entscheidend.

Das Konzept der begrenzten Sicht

Weil unsere Sicht ziemlich begrenzt ist und wir nicht sehr weit in die Zukunft schauen können, erkennen wir den kausalen Zusammenhang zwischen Ursache und Wirkung nicht. Deshalb interessiert es uns auch nicht wirklich, uns damit zu befassen und wir strengen uns nicht allzu sehr an, obwohl wir natürlich nicht gerne leiden. Wir gehen einfach oft ganz gerne den bequemsten Weg, klappt etwas nicht sofort, besteht die Tendenz, sich nicht weiter zu bemühen. Man ist es gewohnt, bei Schwierigkeiten schnell aufzugeben und Probleme zu negieren. Weiter fehlt es auch an Geduld und Zufriedenheit; wo unsere Bemühungen gefragt sind, haben wir das Gefühl, es dauert uns zu lang.

Aber wenn man seine Sicht erweitern könnte, würde man sehen, dass das, was uns jetzt so lang erscheint, in Wirklichkeit nur ein kurzer Augenblick im Zeitkontinuum ist. Wir fragen uns oft, warum wir so viel Mühe aufwenden sollen?
Unfähig, sehr weit zu sehen, ergeben wir uns Gedanken und Gefühlen wie: „Wofür eigentlich?"
Gleichzeitig können wir aber keinerlei Leid ertragen. Das alles kommt uns völlig normal vor, denn wir sind es so gewöhnt. Allerdings halten uns diese nicht so erwünschten Wesenszüge davon ab, die

Belehrungen zu verstehen, denn es fällt schwer, einmal eine andere Sichtweise einzunehmen.

Normalerweise sind wir ja sehr schnell gewillt, für ein bisschen kurz andauerndes Glück große Anstrengungen auf uns zu nehmen. Egal, wie viel Zeit es kostet und wie hoch der Aufwand ist, wir würden tun, was notwendig ist, um ein wenig Glück zu erleben. Man möchte momentanes Glück erreichen und natürlich gelingt es auch, weil man sich so sehr darum bemüht. Trotzdem ist dieses Glück nur kurzlebig, es vergeht wieder.

Beispielsweise gibt es ein tibetisches Gericht namens Momos. Die Zubereitung dauert drei Stunden, aber in zehn Minuten ist dann alles aufgegessen. Und man wird vielleicht auch noch dick davon!
Während man die Momos macht, erlebt man dann ein bisschen Vorfreude, etwas Begierde, aber der Prozess ist emotional gesehen nicht negativ.

Im Geschäftsleben ist es oft anders, man arbeitet sehr hart, hat viel Stress und steht unter dem Einfluss von Gefühlen, die man als störend empfindet. Das Ergebnis ist dann allerdings von relativ kurzer, begrenzter Dauer, es ist vergänglich. Und kaum hat man ein Ziel erreicht, setzt man sich bereits wieder das nächste, und erneut ist das Ergebnis kurzlebig. Das gilt für jede Arbeit und für jedes Vorhaben, der Aufwand steht oft in keinem Verhältnis zur Dauerhaftigkeit des Ergebnisses.

Man sollte untersuchen, ob das auch auf einen selbst zutrifft.

Wenn einem dann klar wird, welchen Aufwand man treiben muss, um wenig dauerhafte, vorübergehende Ergebnisse zu erzielen, und dass die glücklichen Gefühle nicht lange anhalten, kann das recht entmutigend sein. Man fühlt sich dann vielleicht innerlich zerrissen. Setzt man sich damit aber weiter auseinander, stellt man wieder einmal fest, dass das eigentliche Problem mangelnde Klarheit ist. Zieht man dann die Lehre Buddhas zu Rate, erkennt man immer deutlicher, wie man von vergangenen Erfahrungen und Taten beeinflusst und geprägt ist. Gerade aus der Vergangenheit können wir sehr viel lernen und erkennen, dass die Dinge, die heute passieren, dort ihre Ursachen haben. Wenn man an etwas arbeitet, was man erreichen möchte, ist es also gut, sich des eigenen Strebens, der eigenen Einstellungen, Anstrengungen und Gefühle bewusst zu sein und sich dann das Ergebnis genauer anzuschauen.

Weiter sehen wir die Dinge auch sehr subjektiv. Etwas gefällt uns, wir wollen es haben und haften daran an, und das bringt Emotionen hervor. Möchte man etwas nicht haben, so ruft das Abneigung hervor, die auch eine Form von Wollen ist, auch sie ruft Gefühle hervor. Durch diese und andere Emotionen wird unsere Sicht verzerrt, und das führt zu Leid. Das kann eigentlich jeder verstehen, auch wenn man nicht das Ziel hat, die Erleuchtung zu erreichen.
Allmählich erkennt man dann, was diese Gefühle eigentlich bedeuten und woher sie kommen, und man erreicht ein echtes Verständnis davon, was Samsara eigentlich ist. Es sollte sich also lohnen, genauer hinzusehen und eine klarere Sicht dieser Dinge zu erreichen.

Zuerst einmal unsere eigenen Bedingungen erkennen

Zunächst schaut man bei sich selbst, das gilt auch, wenn man Bodhicitta verstehen möchte. Da wir alle den grundlegend gleichen Bedingungen unterliegen, wächst dadurch auch das Verständnis für andere.

Man denkt also darüber nach, wer man ist, wie man denkt und wie man in bestimmten Situationen reagiert. Was ist einem wichtig und was nicht? Was möchte man für die Zukunft, hier bezieht sich Zukunft auch auf zukünftige Leben?

Durch dieses genauere Hinschauen erkennt man immer mehr Details bei Emotionen, Leid und Karma. Immer klarer sieht man dann die Bedingungen, denen man unterliegt und die einen gefangen halten. Dadurch entsteht der Wunsch, etwas zu unternehmen, um sich davon zu befreien.

Je klarer man diese Bedingungen dann erkennt, desto mehr wird man sich bemühen. Und je mehr man sich Mühe gibt, desto mehr Klarheit und tieferes Verständnis sind das Ergebnis.

Allmählich beginnt man dann, die Illusion, von der Buddha sprach, zu erkennen und zu sehen, wie man in ihr gefangen ist.

Diesen Illusionen laufen wir normalerweise hinterher. Wir haben viele Hoffnungen, Erwartungen und Wünsche. Indem wir versuchen zu erreichen, was wir uns wünschen, verursachen wir immer mehr Karma. So geht es immer weiter, während wir handeln und die Ergebnisse dieses Handelns wieder durchleben.

Natürlich ist dabei nicht alles negativ, was man tut, meistens versucht man ja, gut zu sein. Aber wegen unserer Unwissenheit verursachen wir unbeabsichtigt mehr Negatives als Positives.

Deshalb ist es so wichtig, nicht in schädlicher Weise von den eigenen Emotionen oder von denen anderer beeinflusst zu sein.

Man fühlt sich einfach auch anders, wenn die emotionalen Ursachen transparenter sind, der Geist fühlt sich dann wohler und man wird fähig, mit allem umzugehen.

Karma verstehen

Der Satz: „Wir haben Karma." bedeutet also nichts anderes, als dass wir durchleben, was wir durch unsere früheren Taten verursacht haben. Dinge passieren nicht einfach zufällig, es gibt eine Ursache für alles, die mit dem Ergebnis in Verbindung steht. Das, was man tut, hat also definitiv Folgen.

Wenn wir das einmal erkannt haben, werden wir bei allem, was wir tun, darauf achten. Wir werden Handlungen ausführen, die Positives zur Folge haben und Handlungen vermeiden, die zu späterem Leiden führen.

Beispielsweise weiß jeder, was Feuer ist, und dass es brennen kann. Man erkennt es immer, also hält man Abstand. Mit negativen Handlungen ist es das gleiche.

Weiter führt das klare Verständnis darüber, was Karma ist, dazu, dass man sehen kann, wie wichtig es ist, Bodhicitta zu entwickeln, und sich dem Glück der anderen zu widmen. Auch alle anderen fühlenden Wesen leiden ja, weil sie nicht erkennen, dass negative Handlungen zu Leid führen. Wie bereits erläutert wurde, entsteht Bodhicitta ganz natürlich, wenn man das klar sieht.

Buddha sagte vor mehr als 2500 Jahren, dass es zu Leiden führt, wenn man sein eigenes Glück sucht, und dass es zur Erleuchtung führt, wenn man andere glücklich macht. Mit anderen Worten, wenn man ganz darin aufgeht, anderen zu nutzen, wird das zur eigenen Befreiung führen.

Ist man selbstsüchtig, wird man nie bekommen, was man eigentlich in Wirklichkeit will, nämlich dauerhaftes Glück, denn Selbstsucht ist kein Weg, um glücklich zu werden. Wenn man also weiß, dass Frustration daher kommt, dass man zu viel um sich selbst kreist, wird man versuchen, sich weniger mit sich selbst beschäftigen und stattdessen anderen mehr helfen.
Das führt dazu, dass man entspannter und glücklicher ist. Auch wenn man damit beschäftigt ist, sich um andere zu kümmern, ist man zufrieden. Hat man diese direkte Verknüpfung von Ursache und Wirkung durch eigene Erfahrung erkannt, wird es schließlich ganz selbstverständlich, dass man anderen hilft. Das, was wirklich glücklich macht, ist, sich um andere zu kümmern, es gibt unserem Leben einen guten und wichtigen Sinn. Zudem hilft es uns, unser eigenes grundlegendes Potenzial zu entdecken, unsere Weisheit bzw. unsere Buddha-Natur.

Unglücklicherweise jedoch neigt unsere Gesellschaft eher zur Selbstbezogenheit als zu Offenheit und Wohlwollen. Deshalb muss die Geisteshaltung von Bodhicitta erklärt werden. Durch Bodhicitta wird alles hervorgebracht, was gut ist, deshalb sollten wir bewusst Anstrengungen unternehmen, um es zu entwickeln und anzuwenden. Das kann man selbst ausprobieren.

Zum Beispiel denkt man eine Woche vor dem Urlaub so viel an die bevorstehenden Ferien, dass die Woche unerträglich lang erscheint. Man kann es kaum erwarten, bis sie vorbei ist.
Denkt man aber mehr an andere als an sich selbst, sieht das Szenario anders aus.
Dann ist es dieselbe Woche, aber man ist darauf fokussiert, etwas für andere zu tun, und die Zeit wird sehr schnell vergehen.
Selbst wenn man weiß, dass man nicht wie Mutter Theresa sein kann, die eine große Bodhisattva war, so können wir doch anderen im

Rahmen unserer Möglichkeiten helfen. Es sind oft ganz einfache Dinge, die wir tun können, um anderen zu nutzen. Man könnte beispielsweise mehr lächeln. Es ist besser, nett zueinander zu sein, anstatt miteinander zu streiten oder zu kämpfen.

Man kann auch anderen gegenüber eine gute, freundliche Einstellung einnehmen, indem man ihre Qualitäten bemerkt, statt sich auf ihre Unzulänglichkeiten zu konzentrieren. Unsere Frustration wird auf diese Weise abnehmen und die eigene Sicht der Dinge wird sich wirksam verbessern.

Wenn man das liest oder hört, fühlt man manchmal einen inneren Widerstand, Bodhicitta zu verstehen und zu akzeptieren, wie wichtig es ist. Wir wollen uns nicht so richtig damit auseinandersetzen und es entwickeln. In gewisser Weise wollen wir nichts über uns selbst hören, und die Belehrungen erscheinen in dem Moment doch auf einmal recht schwer verständlich zu sein.

Man denkt etwa: „Sich mit dem Dharma auseinanderzusetzen ist ja richtige Arbeit."

Aber lehnt euch ein bisschen zurück und fragt euch, was Bodhicitta wirklich bedeutet. Tatsächlich heißt es nichts anderes, als die Dinge wirklich so zu sehen, wie sie sind.

Auch hier ist es gut zu fragen, was das genau aussagt. Wie weiter oben schon erklärt wurde, bedeutet es, dass alles eine Ursache hat, Leiden beruht also auf vorhergehenden, leidbringenden Taten. Deshalb sollte man sie vermeiden, es ist wichtig, das um unserer selber willen zu erkennen, bis wir schließlich völlig davon überzeugt sind.

In Bezug auf unser menschliches Potenzial gibt es also diese zwei verschiedene Aspekte.

Einerseits ist da die ganz natürliche Fähigkeit, Liebe und Mitgefühl zu empfinden und anderen zu helfen.

Andererseits aber verursacht unser selbstbezogener Geist viel Leid und Schmerz, die Folge ist, dass wir zu sehr mit uns selbst befasst sind und es uns deshalb schwerfällt, anderen Liebe und Mitgefühl entgegen zu bringen.

Um also mit der Zeit Bodhicitta zu vermehren, ist es notwendig, nachzudenken, zu meditieren und zu praktizieren. Das schließt ein, dass man sich aufrichtig und von Herzen für andere öffnet. Es reicht nicht, nur flüchtig und rational zu verstehen, worum es geht, deshalb ist es nicht so einfach.

Aber wenn man wirklich versteht, was Bodhicitta bedeutet, wird man fähig, effektiv mit allen emotionalen Ursachen umzugehen, deshalb ist es so wichtig.

4. Mit den Gefühlen arbeiten, indem wir Bodhicitta entwickeln

Weil unser Geist von Unwissenheit verdunkelt ist, verlassen wir uns im Moment zu sehr auf unsere begrenzte Wahrnehmung, die sich aus allen möglichen Arten von Bedingungen zusammensetzt. Wenn wir das nicht ändern, wird unser Leiden nie aufhören.

Einige denken vielleicht, dass es ja auch glückliche Momente gibt und dass auch positive Dinge passieren. Aber diese Ereignisse wurzeln noch in Anhaftung und führen deshalb nicht zu dauerhafter Befriedigung. Auch ist Glück generell eher von kurzer Dauer, während Schwierigkeiten viel häufiger auftreten. Der Grund dafür ist Vergänglichkeit.

Aber jenseits der positiven und negativen Anhaftung liegt Weisheit. Wenn man diese Weisheit entwickelt und einsetzt, kann man schließlich einen Zustand erreichen, der jenseits von Unwissenheit und Leid liegt.

Leider hört man im Vajrayana oft den Ausdruck: „Gefühle in Weisheit umwandeln." Hier ist die Übersetzung nicht sehr genau, man sollte nicht davon ausgehen, dass man Gefühle in Weisheit transformieren kann. Wenn man diese Erwartung fälschlicherweise hat, führt das zu Problemen, die wirkliche Bedeutung des ursprünglich Gemeinten zu verstehen. Besser ist es, wenn wir uns daran erinnern, dass es unser Ziel ist, Leid hinter uns zu lassen. Deshalb versuchen wir, uns mit Hilfe der uns innewohnenden Weisheit zu entwickeln, die unser grundlegendes Potenzial ist.

Normalerweise haben unsere Gefühle ja mit Dingen zu tun, die Menschen betreffen, wir verstricken uns also durch unsere Beziehungen zu anderen. Deshalb denken wir vielleicht, dass andere unsere Emotionen verursachen, und dass sie nicht entstehen würden, wenn wir in Ruhe alleine sein könnten.

Aber eine derartige Isolation ist heute fast unmöglich und das Problem bliebe ohnehin latent vorhanden, früher oder später würde es wieder an die Oberfläche kommen. Wir können Emotionen also nicht wirklich vermeiden, weil wir immer und überall mit Dingen und Leuten zu tun haben. Deshalb bleibt uns nichts anderes übrig, als zu lernen, damit umzugehen.

Die Dharma-Praxis erleichtert hier ein tiefer gehendes Verständnis und führt zu geistiger Klarheit, sie zeigt uns einen Weg, wie man seine emotionalen Zustände in der richtigen Weise nutzen und Leid vermindern kann. Somit sind wir dann in der Lage, zu verstehen, was unsere Emotionen eigentlich bedeuten und was ihre Ursachen sind.

Praktizierende, die bestimmte Ebenen der Verwirklichung erreicht haben, bestätigen, dass durch die buddhistische Praxis der Einfluss, den die emotionalen Ursachen auf einen haben, verringert wird. Änderung ist also definitiv möglich, aber die Ergebnisse kommen immer nur allmählich.

Um zu lernen, wie man mit den emotionalen Ursachen für die Unruhe in unserem Geist und den sich daraus ergebenden Emotionen umgeht, benötigen wir Bodhicitta als Basis. Ohne Bodhicitta würden unsere Aggressionen und unser Ärger nicht enden. Beide sind eng mit unserer Ich-Anhaftung verknüpft, die eine Quelle für viel Leid ist, und Bodhicitta lenkt unsere Aufmerksamkeit weg vom eigenen Ich auf das Wohl der anderen.

Ohne die erleuchtete Geisteshaltung wäre es, wie wenn man Schmerzen hat und Schmerzmittel nimmt. Wenn man mit der Einnahme aufhört, kehrt der Schmerz zurück, er würde nicht endgültig aufhören.

Beispielsweise scheinen religiöse Menschen oft netter zu sein als nicht religiöse. Aber unter der Oberfläche lauert noch immer der Hass, denn die negativen Bedingungen dauern weiter an. Ein falsches Wort, eine scheinbar harmlose Bemerkung, und ein eigentlich liebenswerter Mensch verwandelt sich in eine wütende Person, weil die Bedingungen für Leid einfach nie wirklich verschwunden waren.

Deshalb ist es unerlässlich, dass wir ein gründliches Verständnis von allen Bedingungen, denen wir unterliegen, und von Bodhicitta bekommen.

Die Ursache für unsere Emotionen erkennen

Emotionen und ihre Ursache sind natürliche Funktionen unseres Geistes. Deshalb sollte man nicht versuchen, sie loszuwerden.

Auch unterdrücken bzw. stoppen wir sie nicht mit Gewalt, so wie man sich nicht vor einen Zug hinstellt, um ihn aufzuhalten. Man hält also bildlich gesprochen nicht die Hand auf die Gefühle und sagt: „Kommt nicht raus."

Stattdessen ist es besser, sie genauer zu betrachten und man versucht zu verstehen, wie Emotionen entstehen, wie sie bestehen bleiben und wie sie den Geist aufwühlen. Hierbei sollte man keine Konzepte oder vorgefertigte Meinungen über Emotionen haben.

Diese Vorgehensweise erfordert auch mehr als ein rein intellektuelles Verständnis. Der Grund dafür ist, dass eine Emotion weder vom Intellekt hervorgebracht wird, noch ist sie die Folge äußerer Umstände.

Tatsächlich kommt eine Emotion vollständig aus unserem Inneren, sie ist ein inneres Gefühl und sozusagen ein Symptom dafür, dass wir an unserem Ich anhaften.

Jeder von uns fühlt deutlich, dass „Ich" existiert. Es wird als von anderen getrennt wahrgenommen, es fühlt Gefühle, die wiederum von den Umständen abhängen, die mit dem „Ich" in Beziehung stehen. Deshalb ist das „Ich" die Wurzel für die Emotionen.

„Ich bin glücklich" bedeutet somit, dass mein „Ich" glücklich ist.

Deshalb gibt uns das Auftreten von Emotionen die Chance unser Greifen nach unserem „Ich" zu erkennen, bzw. uns dessen bewusst zu werden.

Wenn wir uns glücklich fühlen, sehen wir normalerweise die eigentliche Ursache dafür nicht. Wir erkennen nicht die Begierde, die an sich die Ursache für unser glückliches Gefühl ist. Oder wenn wir uns ärgern, dann sehen wir den Hass nicht, der dazu führt, dass wir so empfinden. Ist man also das nächste Mal beunruhigt, ärgerlich oder ängstlich, ist es gut, zu versuchen, den Zusammenhang zu sehen und sich zu fragen, was die Ursache dafür ist.
Angenommen, man regt sich auf, weil jemand etwas gesagt hat, das einem nicht passte. Vielleicht ist man geduldig und sagt nichts,

natürlich ist das gut. Aber später sollte man versuchen herauszufinden, woher die Abneigung gegen das, was diese Person gesagt hat, kam. Die emotionale Ursache könnte Stolz gewesen sein, oder aber auch Erwartung oder Begierde. Dieses Beispiel zeigt, dass jedes Mal, wenn man ein Gefühl von Abneigung hat, die emotionale Ursache eine andere sein kann und umgekehrt.

Auch die Emotion, die als Folge einer emotionalen Ursache auftritt, ist unterschiedlich, abhängig von der Situation. So kann sich eine emotionale Ursache von Hass zu einer Emotion von mehr Hass oder Groll oder unangenehmer Aufregung entwickeln.

Noch ein Beispiel: Stolz als emotionale Ursache kann sich zu Ärger entwickeln. Er kann aber auch zu einem Gefühl von „glücklich stolz" werden oder zu Arroganz.

Man kann das ganze Spektrum der Emotionen erforschen, welche emotionalen Ursachen zugrunde liegen, wie sie sich entwickeln und sich wieder legen.

Durch eigene Beobachtung und Erfahrung lernt man dann zu verstehen, dass die Emotionen, die man fühlt, auf verschiedenen emotionalen Ursachen beruhen. Und man beginnt zu sehen, wie die Emotionen mit der Art der eigenen Wahrnehmung zusammenhängen.
Das zeigt, dass die eigene Wahrnehmung klarer wird, man ist noch nicht frei, aber langsam fängt man an, die Bedeutung von „Illusion" zu erkennen. Dann versteht man auch, warum die buddhistischen Lehren sagen, dass der eigene Geist verdunkelt ist und dass man seinen Illusionen nachläuft.
Das ist so, wie wenn man an etwas glaubt, was unwirklich ist und dem dann folgt. Wäre man betrunken oder hätte Drogen genommen, würde man nachher merken, dass das, was man erlebt hat, nicht real war. Man wüsste, dass man unter dem Einfluss dieser Dinge gestanden hat und würde es als Verzerrung abtun, mit anderen Worten: als eine Illusion.
In ähnlicher Weise empfinden wir das, was wir erleben, als real, wenn wir unter dem Einfluss von Gefühlen stehen. Erst nach und nach erreicht man mehr Klarheit und bekommt ein ganz anderes Gefühl dafür, was in Wirklichkeit passiert.

Am Anfang ist es allerdings nicht einfach, die Ursachen für unsere Emotionen zu sehen, weil unsere Anhaftung an unser Ich so stark ist. Weiter hindern uns unsere eingefleischten Gewohnheiten zunächst daran, zu sehen, wie der eigene Geist ist. Insgesamt ist es auch schwierig, immer aufmerksam zu sein. Dadurch entsteht unnötiger Druck.

Zunächst übt man deshalb, in sich hineinzuschauen, wenn es am einfachsten ist, wenn man also nur leicht verärgert oder ein wenig eifersüchtig ist. Die Gefühle sind dann noch nicht so intensiv und die Situation ist noch nicht zu verwirrend.

Man tendiert zwar dazu, Probleme aus Gewohnheit zu ignorieren, wenn sie noch klein sind. Das ist aber falsch, man sollte auch auf die kleinen Dinge achtgeben. Sie sind eine ideale Möglichkeit, um zu wachsen. Gerade wenn der Geist nur etwas gestört ist und die Folgen für einen nicht von großer Bedeutung sind, kann man lernen, besser zu verstehen, was in einem selbst vor sich geht. Man fragt sich dann, was die Bedingungen für das sind, was man fühlt.

Man versucht also zu verstehen, wie die äußere Ursache so einen Ärger oder so eine Störung in einem hervorrufen konnte. Man stellt dann fest, dass der Grund für die Emotion zwar „da draußen" zu sein scheint, die Energie dafür aber in uns liegt, und dass es das „Ich" ist, das auf das „Außen" reagiert. Durch die ganz kleinen alltäglichen Aufregungen beginnen wir zu sehen, dass das stimmt. Natürlich kann man auch in sich hineinschauen, wenn alles sehr gut läuft. Aber wir tendieren dazu, emotionale Erschütterungen zu ignorieren, wenn wir meinen, dass alles in Ordnung ist. Im Allgemeinen sind es die Störungen, die dazu führen, dass wir Notiz davon nehmen und uns bemühen.

Allerdings sollte man auch nicht erst schauen, was falsch ist, wenn die Gefühle dabei sind, sich zu verstärken, oder wenn man sogar schon in einer Krise steckt und ganz aufgelöst ist, obwohl man denken könnte, das sei ein guter Zeitpunkt.

Der Grund ist, dass die Emotionen bereits dabei sind, die Sicht zu sehr zu trüben. Man ist vielleicht schon ganz von Gefühlen überwältigt, und es ist fast unmöglich, sie ruhig zu beobachten.

So bringen wir unser Auto ja auch regelmäßig zur Inspektion und lassen dabei kleinere Reparaturen machen. Wir warten nicht so lange, bis das Auto ganz kaputt ist, und reparieren es erst dann.

Trotzdem ist an sich jeder Zeitpunkt gut, um zu üben, aber einige Gelegenheiten sind am Anfang einfach besser geeignet als andere. Erst später, wenn man Übung hat, sind auch intensive emotionale Ursachen nützlich. Fangt also an, wo es leicht ist, und später könnt ihr die schwierigeren Situationen angehen.

Vielleicht stellt man sich die Frage, ob es sich wirklich lohnt, diese Dinge tiefer gehend zu erforschen. Die Anwort ist, dass wir mit der Zeit fähig werden, ganz natürlich und von allein zu wissen, was zu tun ist.

Wenn es kalt ist, ziehen wir ja auch etwas Warmes an, und wir wissen von ganz alleine, dass wir es wieder ausziehen, wenn uns zu warm wird.

Unsere Bewusstheit entwickeln

Es kann durchaus vorkommen, dass man eine emotionale Ursache erkennt, ohne darin wirklich geübt zu sein. Das Problem dabei ist, dass wir uns nicht wirklich bewusst darüber sind, was passiert.
Selbst in Zeiten, in denen wir bewusst sind, sind wir nicht in der Lage, die ganz feinen emotionalen Ursachen zu finden, die unter den gröberen Gefühlen liegen.

Um bewusster zu werden, ist es deshalb erforderlich, folgende drei Eigenschaften zu entwickeln:

1. Man sollte sich nicht durch Tagträumerei davon ablenken lassen, was im Moment passiert. Wenn man also beispielsweise einem buddhistischen Vortrag zuhört, sollte man nicht an die Bäume denken, die während einem Sturm umgefallen sind, und nicht an die Pizza, die man zu Mittag essen will. Es ist wichtig, sich auf zu das konzentrieren, was während der Belehrung gesagt wird. Das sollten wir als Erstes beherzigen.

2. Es ist nötig, beständig und richtig motiviert zu sein, dass es notwendig ist, Bewusstheit zu entwickeln. Sie sollte als etwas gesehen werden, was man wirklich braucht, denn ohne Bewusstheit kommt man einfach nicht weiter.

3. Es ist wesentlich, einen entspannten Geist zu entwickeln, der aber weder verschlafen noch schläfrig ist. Der Geist sollte sehr entspannt, aber klar sein.

Frustration hängt mit unserer Motivation zusammen

Wenn die Dinge ihren Lauf nehmen und alles gut geht, fühlen wir uns im Allgemeinen wohl. Gibt es aber Probleme, dann geht es uns schlecht und wir tendieren dazu, die Gründe dafür im Außen zu suchen. Unser Empfinden hängt also von anderen Menschen oder Ereignissen ab. So ist es eigentlich die ganze Zeit. Wurde man zum Beispiel nicht befördert, ist man neidisch oder ärgert sich. Oder wenn man mit jemandem Probleme hat, ist es immer der Fehler des anderen. Alles soll sich nach den eigenen Vorstellungen entwickeln und man denkt, der andere sollte tun, was man möchte.

Aber auch die eigenen Handlungen führen dazu, dass Emotionen auftreten oder dass sie sich verstärken. Allerdings können wir das ändern, denn es hängt von uns selbst ab, wie wir eine Situation oder ein Problem erleben. Wir haben also die Wahl.

Wenn man sich selbst weniger wichtig nimmt und die eigenen Interessen nicht in den Vordergrund stellt, ist man nicht so sehr in fixen und engen Sichtweisen verfangen. Es muss nicht länger alles genau so sein, wie man es will und sich vorstellt. Dann ist es leichter, mit auftretenden Schwierigkeiten und Hindernissen umzugehen.

Betrachtet man die Emotionen an sich, stellt man weiter fest, dass sie wirklich nicht so wichtig sind. Und die äußeren Faktoren, die wir für die Ursache unserer Gefühle halten, sind es auch nicht.

Man kann dann in unangenehmen Situationen auch anders reagieren, als man es normalerweise tut. Mit anderen Worten, wir können uns dafür entscheiden, entspannt zu sein und an andere zu denken. Es gibt im Tibetischen sogar ein bestimmtes Wort, das diese andere Art beschreibt, nämlich immer andere einzubeziehen, und sich um ihr Wohlergehen zu kümmern.

Die Idee, sich anderen zuzuwenden ist manchen Leuten fremd. Sie können einfach nicht mit einem offenem Geist handeln. Möglicherweise sehen sie keinen Grund dafür, sie fragen sich, warum sie andere liebevoll und nett behandeln sollten.

Allerdings ist es wesentlich interessanter zu fragen, was die nachteiligen Folgen davon sind, wenn man nicht mit Bodhicitta handelt. Die Antwort ist, dass es unvermeidlich zu Leid und Unglück führt, wenn man nur die eigenen Interessen verfolgt. Die Fokussierung auf sich selbst und die eigene Wichtigkeit nährt die emotionalen Ursachen und sie vermehrt und verstärkt die Emotionen.

Die Folge ist, dass wir in eine Situation geraten, in der wir mit voller Geschwindigkeit von einem Gefühl in das nächste fallen. Währenddessen verschwenden wir viel Energie und beleben wiederum die Spannungen, die uns verzehren. Befriedigung zu empfinden ist dann unmöglich und wir leiden.

Es ist anders, wenn wir keine Erwartungen haben und aus Fürsorge für andere handeln. Es gibt dann keinen Grund, unglücklich zu sein, denn wir sind zufrieden mit dem, was wir tun können.

Generell tut man Dinge, weil sie eben getan werden müssen, oder man tut etwas zum eigenen Vorteil, für den Nutzen von Leuten, die man kennt, oder allgemein für andere.

Entsprechend wird abhängig von der eigenen Absicht, die Erwartung jeweils anders sein, und ein Misserfolg wird einen unterschiedlich stark berühren.

Wenn man etwas tut, weil es eben getan werden muss, ist das Ergebnis alles, was einen interessiert, und man ist nicht wirklich rücksichtsvoll. Kommen andere dabei zu Schaden, berührt es einen nicht sehr. Die Dinge sind eben einfach unglücklich gelaufen. Geht die Sache dann schief, fühlt man sich ziemlich frustriert und denkt, man hätte seine Energie verschwendet.
Das selbe trifft zu, wenn man etwas einzig und alleine für den eigenen Nutzen tut. Man fühlt sich dann noch frustrierter und ist sich kaum oder nicht bewusst, dass man andere unter Umständen verletzt. Stellt man fest, dass Schaden angerichtet wurde, entschuldigt man sich und behauptet, dass es keine Absicht war.

Aber der Effekt der eigenen negativen Handlung kann in beiden Situationen nicht ausgelöscht werden. Die Beteiligten, man selbst eingeschlossen, werden die negativen Ergebnisse in der Zukunft erleben.

Handelt man aber rücksichtsvoll in Bezug auf andere und man erleidet einen Misserfolg, dann ist man viel eher dazu bereit, es zu lassen. Man weiß, dass man helfen wollte. Das hat man getan und zumindest so viel hat man erreicht.
Man ist auch nicht allzu traurig oder aufgeregt, wenn die Dinge nicht so abgelaufen sind, wie man es wollte.
Die Frustration ist geringer als in den ersten beiden Szenarien. Da man andere mit einbezogen hat, wird man sie mit dem, was man getan hat, sehr wahrscheinlich nicht verletzt haben. Die Wahrscheinlichkeit eines Fehlers ist deshalb viel geringer.

Selbst wenn man eine Hausarbeit verrichtet, wie beispielsweise den Flur putzen oder das Haus reinigen, nur weil sie getan werden muss, dann wäre es besser, die Zeit anderweitig zu verbringen. Mit etwas, das mehr Spass macht, das besser und einfacher ist und weniger langweilig. Wenn ihr es aber macht, damit sich eure Familie an einem sauberen Haus erfreuen kann, oder für Freunde, die zu Besuch kommen, dann wird es zu einem Geschenk für diese Leute. Ihr werdet von Herzen und mit Enthusiasmus bei der Sache sein.

Oder nehmen wir als Beispiel einen ehrenamtlichen Übersetzer auf einem Kurs. Er weiß, dass seine Arbeit nützlich für andere Menschen ist, die die Sprache des Vortragenden, zum Beispiel Tibetisch, nicht verstehen können. Er versucht sein Bestes, ist glücklich, das für andere tun zu können, und fühlt sich entspannt und zufrieden. Aber wenn er sich selbst für einen guten, professionellen Übersetzer hält, dann wird er besorgt sein in Bezug auf die Qualität seiner Übersetzung. Er überprüft sich selbst dauernd und denkt über Wege nach, besser zu werden. Deshalb ist er nicht entspannt. Bald darauf wird er feststellen, dass er entmutigt ist und lieber irgendwo anders wäre, um andere Dinge zu tun.

Es ist in beiden Fällen dieselbe Handlung, aber die Motivation ist unterschiedlich. Einmal die, die um das eigene Ich kreist, dann eine andere, eine aufrichtige, auf andere ausgerichtete Motivation. Gut oder schlecht hängen also von unserer Motivation ab, von den Gründen, warum wir etwas tun.

Es ist wirklich wichtig festzuhalten, dass Handlungen, selbst wenn sie äußerlich gleich aussehen, unterschiedliche Wirkungen haben können, je nachdem, ob man das Wohl der anderen einbezieht oder nicht. Man sollte sich selbst deshalb prüfen, warum man etwas tut.

Wenn wir anderen helfen, können wir uns auch ganz einfach und leicht für sie öffnen, was ein sehr gutes Ergebnis ist. Im Endeffekt sind wir dann mit uns selbst und in unseren Beziehungen zu anderen zufriedener.

Die Handlung benötigt auch nicht so viel Energie, weil die emotionalen Ursachen, die mit dem „Ich" in Beziehung stehen, unter Kontrolle sind. Unsere Begierden und Abneigungen sind, selbst wenn sie auftreten, nicht so intensiv. Ein weiterer Vorteil ist, dass wir auf ganz natürliche Weise entspannter sind, wenn wir uns der anderen bewusster sind. Es ist viel eher möglich, sich Zeit zu nehmen, um klar zu denken, die Situation einzuschätzen und die Dinge richtig zu tun. Damit können wir auch unsere eigenen Angelegenheiten effektiver regeln. Innerliche Spannung und Stress bleiben minimal.

Allerdings heißt das nicht, dass die Dinge sich von ganz alleine regeln, wenn wir immer nur nett sind und lächeln. Auch versuchen einige Leute den Geist friedlich zu halten, indem sie Probleme ausblenden. Beide Sichtweisen sind falsch. Wir benutzen Bodhicitta nicht, um Schwierigkeiten zu übertünchen.

Wir sollten auch hier wieder prüfen, ob das alles auf uns selbst und auf andere zutrifft.

Durch Bodhicitta nimmt unsere Verwirrung ab

In den Bodhisattva-Gebeten bitten wir darum, so viel wie möglich für andere tun zu können.

Das heißt allerdings nicht, dass wir entweder genauso handeln müssen wie die Bodhisattvas, oder wir sind Versager und entfernen uns vom Weg. Wir können eben nicht sofort wie die Bodhisattvas denken.

Es bedeutet, dass wir entsprechend unserer eigenen Kapazität und unserem persönlichen Verständnis handeln. Man sollte Bodhicitta deshalb gemäß dem eigenen derzeitigen Niveau anwenden, denn man kann Liebe und Mitgefühl nur auf der Stufe fühlen, wie es sich ganz natürlich ergibt. Es kann nicht erzwungen werden. Wir folgen dem Bodhisattva-Weg also Schritt für Schritt, egal, auf welcher Stufe wir jetzt gerade sind. In dieser Beziehung ist es einfach.

Selbst wenn man nur so viel wie ein einziges Prozent von Bodhicitta aufbringt, ist das von enormem Nutzen für einen selbst. Es wird eine Menge geistiger Probleme lösen und der Nutzen jeder Handlung und von allen Begegnungen mit anderen wird mannigfaltig sein.

Das Erstaunliche an der Geisteshaltung von Bodhicitta ist nämlich, dass sie durch die Emotionen weder gestört noch geändert wird. Es ist ganz anders, als wenn unser Geist mit dem Greifen nach dem Ich beschäftigt ist, wodurch die emotionale Ursache immensen Schaden anrichten kann. Wir sind dann durch unsere eigene Verwirrung blockiert, wodurch es schwer ist, klar zu sehen, was passiert.

Der einzige Weg, uns selbst von dieser Ich-Anhaftung zu befreien, ist also, unsere Aufmerksamkeit auf andere zu richten. Dann erst haben wir die Möglichkeit zu erkennen, wie uns unsere Emotionen beeinflussen.

Wenn ihr euch also das nächste Mal aufregt, weil ihr denkt, dass jemand anders Unrecht hat, fragt euch: „Wenn ich jetzt Bodhicitta entwickeln würde, was für einen Unterschied würde es in Bezug darauf ergeben, wie ich mich fühle? Und wie würde ich mich fühlen, wenn ich kein Bodhicitta habe?"

Wenn ihr nicht schrecklich wütend seid, könnt ihr eure Reaktion in beiden Szenarien sehen. Ihr werdet erkennen, wie effektiv Bodhicitta Ich-Anhaftung verhindert. Es hält euch davon ab, nur auf euch selbst fokussiert zu sein, und führt dazu, dass ihr euch von der Dualität entfernt, davon, das „Ich" mit dem „Anderen" zu messen und damit Probleme, Aggressionen und Leiden als unvermeidliches Ergebnis zu erzeugen. Indem man Bodhicitta entwickelt, erscheinen diese Gegensätze nicht mehr länger derart bedrohlich.

Zwei wesentliche Fragen, die wir uns stellen sollten

Grundsätzlich wollen wir alle friedlich und glücklich mit unseren Familien leben, mit Freunden und Kollegen gut auskommen und etwas aufbauen, was sinnvoll und nutzbringend ist. Wir möchten keine Schwierigkeiten haben und niemanden irritieren.

Trotzdem haben wir immer Probleme, sie sind nicht groß, aber da sind diese kleinen, alltäglichen Störungen und Irritationen. Die meisten Leute akzeptieren das und meinen, es sei eben so.
Aber es wäre besser, sich zu fragen, warum es immer diese Störungen gibt. Sucht man in den buddhistischen Lehren nach einer Antwort und befasst sich damit, stellt man fest, dass man die Bedingungen durchlebt, die eben im Daseinskreislauf herrschen. Sie sind verursacht durch die Anhaftung an das Ich.

Wenn man weiter darüber nachdenkt und die Dinge tiefer gehend untersucht, erkennt man, dass es eigentlich gar nicht so oft notwendig wäre zu kämpfen, zu kritisieren und heftige Gefühlsausbrüche zu haben. Man muss das alles nicht tun, und es ist wichtig herauszufinden, warum es nicht nötig ist.

Auch wenn man den anderen mag, ist man bei einem Streit sehr emotional, leidet, hält diese Gefühle für normal und findet an dieser Einstellung nichts Ungewöhnliches. Man denkt, dass man es ja nur gut meint und helfen möchte. Aber wenn man sich Zeit nimmt und sehr sorgfältig nachdenkt, wird klar, welches Szenario eigentlich abläuft. Man wird dann doch feststellen, dass es da Einstellungen gibt, die selbstbezogen sind. Es soll nach dem eigenen Kopf laufen, und man ist gerade dabei, nach den eigenen Sichtweisen und Wünschen zu greifen und daran festzuhalten. Das Problem liegt also wohl eher in der Anhaftung an die eigenen Begierden und darin, Aufmerksamkeit bekommen zu wollen. Deshalb weist man andere zurück und handelt so, wie man es tut.

Im Prinzip gibt es in solchen Situationen zwei Vorgänge:

Einmal ist das der Wunsch, andere zu unterstützen, und zu tun, was man kann.

Dann ist sehr oft, unterschwellig und versteckt im Unbewussten, der Wunsch vorhanden, andere zu benutzen, oder es gibt Widerstand dagegen, die eigene Position zu verlieren.

Diese Einstellung ist auf den ersten Blick schwer zu entdecken und sie ist sehr stark. Die Gründe dafür sind, dass man daran gewöhnt ist, sie zur eigenen Verteidigung zu verstecken, und weil man sehr schnell darin ist, sie zu entwickeln. Deshalb ist es gut, die eigene Einstellung und Art, wie man denkt, zu hinterfragen, indem man die Lehre Buddhas zu Hilfe nimmt.

Es gibt hier zwei einfache Fragen, die man sich in allen Situationen und bei allen Bedingungen, denen man unterliegt, stellen sollte, denn dann wird man jedes Mal wissen, was zu tun ist:

1. „Trägt meine Einstellung dazu bei, dass ich nach meinem Ich greife?"

2. „Erlaubt mir meine Einstellung, anderen zu helfen?"

Das ist sehr hilfreich, denn im Allgemeinen sehen wir zwar, wie wir funktionieren, aber richtig überzeugt sind wir nicht. Deshalb ist es ja auch so schwierig, sich zu ändern.

Es ist merkwürdig, ihr kennt eure Gedanken, aber ihr könnt nicht mit ihnen arbeiten. Der Grund dafür ist, dass ihr ihre Bedeutung nicht klar verstanden habt. Auf rationale Art und Weise versteht ihr sie, aber noch nicht auf dem gefühlsmäßigen Niveau. Wenn man seine inneren Einstellungen aber wirklich sehen kann, erkennt man, wie sie entstehen und wie sie sich wieder auflösen. Das ist möglich, braucht aber Zeit und ist nicht leicht. Dabei ist es nicht möglich, etwas zu erzwingen, man arbeitet einfach kontinuierlich an sich, es gibt keinen anderen Weg.

Den Aspekt der Vergänglichkeit nicht vergessen

In den buddhistischen Lehren heißt es, dass das Anhaften sehr tief in uns verankert ist, es ist da, wie subtil auch immer. Eine direkte Folge dieses Greifens und Anhaftens ist, dass man die Dinge als solide und dauerhaft erlebt. Man sollte sich fragen, warum der eigene Geist gleichermaßen nach kleinen wie nach großen Dingen greift und daran anhaftet.

Nehmen wir Zeit als Beispiel: Man hat das Gefühl, man habe noch viel Zeit im Leben, obwohl Zeit tatsächlich weder lang noch kurz ist. Sie vergeht, ändert sich dauernd und bleibt nicht einen Moment bestehen. Aber wir sehen es nicht so, weil wir der Illusion von Beständigkeit unterliegen.

Andererseits verstärkt das Gefühl, dass alles dauerhaft ist, unsere Begierde und Anhaftung. Diese Wahrnehmung ist unser größtes Problem. Es ist sehr schwer, sie zu ändern. Verstehen wir, dass alles vergänglich ist, wird unser ganzer Fokus beginnen, sich zu ändern. Verstehen wir das nicht richtig, fürchten wir uns vielleicht. Aber wenn man sich wirklich bemüht, sich der Vergänglichkeit bewusst zu sein, ändert sich der Blickwinkel. Man bekommt eine wirkliche Einsicht, wie die Dinge sind, und nicht nur ein künstliches Verständnis.

Die grundlegenden Bedingungen, denen wir alle unterliegen, sind gleich

Wenn etwas vorfällt, greift unser Geist gleich danach. Er tendiert dazu, einfach nach allem zu greifen und daran anzuhaften. Man kann also nicht abschalten, oft auch, obwohl man es eigentlich möchte. Das wird die Bedingung „immer etwas wollen" genannt. Wenn man sagt, dass man dieser „Bedingung unterliegt", bedeutet es, dass es derzeit nicht möglich ist, viel dagegen zu tun. Daraus resultiert konstante Ablenkung, die weitere negative Folgen geradezu magnetisch anzieht. Obwohl man unter diesen Vorgängen leidet, sieht man paradoxerweise das Leiden, das damit verbunden ist, nicht wirklich. Man ist zu überzeugt, dass dieser Vorgang des Greifens richtig und normal ist.

An dieser Stelle sollte man die Bedeutung von „richtig" analysieren. Wenn man das einbezieht, was der Dharma dazu sagt, wird man feststellen, dass „richtig" lediglich das eigene Gefühl von „richtig" ist. Man sollte versuchen, sich vorzustellen, was passieren kann und wird, wenn man nur dem eigenen Gefühl von „richtig" folgt und danach handelt, statt auf die Lehre Buddhas zu vertrauen. Hierbei ist es hilfreich, Fehler zu betrachten, die entstanden sind, weil man früher einmal Dinge getan hat, die man seinerzeit für richtig gehalten hatte.

Vielleicht hat man immer wieder versucht, bei Konflikten Probleme zu unterdrücken und woanders hinzuschauen. Bis zu einem gewissen Grad mag das auch funktionieren, nur kommt das Problem eben immer wieder.

Untersucht man die Dinge aber genauer, erkennt man klarer, was in diesen Situationen wirklich passiert. Das eigene Verständnis wird dadurch tiefer. Dadurch kann man viele Dinge loslassen, an denen man normalerweise festgehalten hätte, die man unterdrückt hätte oder denen man ausgewichen wäre.

Entdeckt man diese Vorgänge bei sich selbst, erkennt man bald, dass sie bei anderen auf die gleiche Art und Weise ablaufen. Dann beginnt man, die Unwissenheit und Illusion zu verstehen, in der wir alle gefangen sind.

Man weiß dann, dass jedes fühlende Wesen an der Oberfläche einzigartig in seinem Charakter und seinen Verhaltensmustern ist. Das Leben eines jeden ist unterschiedlich, abhängig von den individuellen Bedingungen, denen man unterliegt. Einige davon kann man ändern, auf viele hat man allerdings keinen Einfluss.
Tiefer gehend sind wir aber alle den gleichen grundlegenden Ursachen und Bedingungen von Karma unterworfen. Der Einzelne ist sozusagen verloren im Daseinskreislauf wegen seiner grundlegenden Unwissenheit, bzw. dem Nicht-Erkennen.

Durch diese Betrachtungsweise entsteht Mitgefühl, Dinge werden klarer und man wird ruhiger. Probleme und Schwierigkeiten sind natürlich immer noch da. Aber man fühlt sich davon nicht so gestört, man fühlt sich ermutigt, zu helfen. Erkennt man jedoch nicht, was passiert, nimmt man das Negative persönlich und zögert deshalb, Menschen zu helfen, die negativ handeln.

Tut jemand also etwas Schlechtes, untersucht man die Ursache dafür und wird herausfinden, dass es Unwissenheit ist. Der Betreffende weiß es eben einfach nicht besser. Für die Person fühlt es sich richtig an, so zu handeln, aber das Ergebnis ist leidvoll. Und obwohl man sich selbst insgesamt für einen recht netten und guten Menschen hält, weiß man doch, dass man fähig wäre, die gleichen negativen Dinge zu tun wie diese Person. Im Unterschied zu dem negativ handelnden Menschen kann man selbst aber die Gründe dafür sehen, warum man diese Dinge lassen sollte. Das hält einen dann immer mehr davon ab.

Weil man aber die gleiche Negativität in sich selbst wahrnehmen kann, ist es verständlich und nachvollziehbar, warum der andere negativ handelt. Diese Einsicht allein verhindert bereits, dass man diesen Menschen hasst, sich verletzt fühlt oder wütend ist. Weiter ist diese Erkenntnis unerlässlich, um für alle fühlenden Wesen die gleiche Liebe und das gleiche Mitgefühl zu empfinden.

Wenn man es dagegen schwierig findet, Mitgefühl zu empfinden, bedeutet das, dass man nicht sehen kann, wie etwas in einem selbst abläuft. Mitgefühl und erkennen können, was in einem selbst und anderen passiert, sind miteinander verbunden.
Man sollte also die grundlegenden Ursachen für Leid erkennen und sich die Zeit nehmen, andere tiefer gehend zu verstehen. Dann wird man allmählich immer mehr die Bedingungen sehen, in denen sie sich befinden. Mehr als jemals zuvor versteht man, wie wertvoll und erstrebenswert es ist, die Befreiung zu erreichen.

Die Motivation für Bodhicitta ist nicht, dass wir selbst dem Leid entkommen

Bodhicitta ist also essenziell, um zu lernen, mit den eigenen Emotionen umzugehen. Allerdings benutzt man es nicht, um vor den eigenen Gefühlen zu flüchten oder um sie zu stoppen. Manche Leute denken vielleicht auch, dass sie ihr eigenes Leid vermindern könnten, indem sie versuchen, Bodhicitta künstlich in sich zu erzeugen.
Sie denken etwa: „Um mein eigenes emotionales Leiden zu vermindern, werde ich Bodhicitta entwickeln." Das funktioniert aber nicht, weil das Fühlen von Bodhicitta daher kommt, dass man die universell gültigen Bedingungen sieht und versteht, denen alle fühlenden Wesen unterliegen. Erkennt man, wie alle fühlenden Wesen aus Unwissenheit leiden, entsteht Bodhicitta ganz natürlich und von selbst. Dann wird man im Einklang mit diesem Verständnis handeln.
Das ist der richtige Ansatz, und alle verschiedenen Wege von Praxis lassen sich auf diesen einen, sehr wesentlichen Punkt reduzieren.

Verständnis dafür entwickeln, worum es wirklich geht

Man hat das Gefühl, dass es wichtig ist, den Daseinskreislauf zu verlassen und nicht zu leiden. Trotzdem gelingt das nicht.

Einmal ist es gerade der Wunsch nach Befreiung, der zu einer temporären Begierde wird, was uns dann noch mehr im Kreislauf der Wiedergeburten gefangen hält.
Während man so gerne befreit wäre, ist man es aber nicht. Das ist es, was damit gemeint ist, „in Samsara gefangen zu sein".

Dann ist jeder von uns irgendwie sehr auf den Daseinskreislauf fokussiert, was zeigt, dass wir den eigentlichen Punkt noch nicht verstanden haben. Und weil alles miteinander verbunden ist, durchdringt unser „den Punkt nicht verstehen" alle Aspekte unseres Seins in dieser Welt. Die Folge ist, dass wir noch nicht wirklich davon überzeugt sind, dass es das Wichtigste überhaupt ist, Leiden zu überwinden.

Der Hauptgrund dafür ist, dass man die Bedingungen, denen man unterliegt, nicht sehen kann. Man versteht sie also nicht genau. Deshalb ist es dann auch schwierig, von diesen Bedingungen, einschließlich der emotionalen Ursachen, frei zu sein. Könnten wir sehen, dass es für alles, was wir tun, ein unvermeidbares Resultat gibt, wüssten wir, dass Samsara endlos ist, weil unsere Handlungen endlos sind. Wenn man sich darüber klar wird, spürt man die Dringlichkeit, in eine andere Richtung zu steuern, auch wenn man nicht versteht, was Erleuchtung ist.

Aber wir wissen, dass es Unwissenheit gibt, die zu Leiden führt, und wie wichtig Bodhicitta ist. Wenn man alle diese Elemente in seine Sichtweise integriert hat, lassen die Emotionen nach. Es wird leichter, mit ihnen zu arbeiten. Man erkennt, wie das Leben mit den emotionalen Ursachen und den Emotionen verbunden ist, wie sie immer da sind und uns aufgrund unserer geistigen Gewohnheiten ablenken.

Allmählich erkennt man dann auch, dass nicht beeinflusst von emotionalen Ursachen gleichbedeutend damit ist, aus Samsara befreit zu sein. Das Verständnis über das alles erreicht man aber nicht gleich, Veränderungen treten nicht sofort auf. Erst nach einiger Zeit stellt man fest, dass sich die Art, wie man fühlt, geändert hat.

5. Ein spiritueller Weg

Obwohl die Lehre Buddhas jeden Einzelnen von uns auf sehr individuelle und persönliche Art und Weise betrifft, ist uns allen gemeinsam, dass wir sinnvoll und nützlich sein möchten. Es geht uns um Frieden und Harmonie.

Diese Eigenschaften und Bedingungen ergeben sich aus der Fähigkeit, mit dem eigenen Geist zu arbeiten. Um das tun zu können, ist es allerdings notwendig, zu verstehen, was man tun soll. Ansonsten sind Schwierigkeiten und Ablenkungen an der Tagesordnung.

Wenn man beispielsweise im Buddhismus davon spricht, „spirituell" zu sein, bedeutet das, sich darum zu bemühen, klar und bewusst zu sein. Es heißt, alles verstehen zu können sowie nicht abgelenkt zu sein und in sich auch keine geistige Unruhe zu verspüren. Der Geist ist friedvoll und kann in jeder Situation und unter allen Bedingungen auf eine harmonische und konstruktive Weise handeln und arbeiten.

„Spirituell" zu sein bedeutet nicht, magisch oder mächtig zu sein oder Wunder zu bewerkstelligen.

Um sich entwickeln zu können, ist es allerdings notwendig, regelmäßig zu praktizieren. Nur dann erreichen wir die Klarheit, die wir benötigen, um zu verstehen, was das, was im Dharma gelehrt wird, bedeutet.

Normalerweise sind wir aber täglich mit vielen verschiedenen Dingen beschäftigt und finden nur gelegentlich ein bisschen Zeit, um zu praktizieren. Wenn diese Beschreibung auf einen selbst zutrifft, dann ist die Lehre Buddhas wahrscheinlich nicht der Hauptfokus im eigenen Leben. Sicher, man stimmt mit den verschiedenen Dharma-Theorien überein, man weiß bestimmte Dinge und versteht sie auch. Aber irgendwie ist man sich doch noch nicht klar darüber, was man tun soll und wie man die Lehren im eigenen Leben anwendet.

Dabei ist alles, was nötig ist, ein bisschen Zeit und Einsatz auf regelmäßiger Basis, um eine Methode kontinuierlich anzuwenden; das führt zu guten Resultaten.

Aber obwohl wir eigentlich wissen, dass eine bestimmte Methode funktioniert, reicht es uns nicht. Immer müssen wir mehr suchen. Wir versuchen ja oft, viele Dinge zu tun, und so ist es auch in Bezug auf die vielen Methoden im Dharma.

Tatsächlich verlieren wir aber Zeit damit. Könnten wir bei einer Praxis bleiben, wären wir in der Lage, alle unsere Probleme zu lösen. Vielleicht stimmt man dem selbst nicht zu, aber viele erfolgreiche Praktizierende würden das bejahen.

Es ist wichtig zu wissen, dass es diese Tendenz, immer mehr zu suchen, gibt, und zu prüfen, inwieweit man es selbst auch so macht.

Leben als spiritueller Weg

Man sollte die Lehre Buddhas als spirituellen Weg sehen. Ihn zu leben bedeutet, dass wir uns jeden Tag um ein harmonisches Miteinander mit anderen bemühen und darum, zu helfen und nützlich zu sein. Gleichzeitig versuchen wir, einen gelassenen Geisteszustand aufrechtzuerhalten. Ganz allmählich erreichen wir dann die Fähigkeit, uns von Unwissenheit und dem Leid im Daseinskreislauf zu befreien.

Das ist es, was Buddha lehrte, und das ist die essenzielle Praxis im Buddhismus.

Am Anfang praktizieren wir allerdings oft eher aus Neugier. Wir haben irgendwie das Gefühl, dass der Dharma viel Sinn macht. Dabei ist unser Geist zunächst unfähig, zu ergründen und zu verstehen, wie wichtig Buddhas Lehre tatsächlich ist.

Deshalb ist es notwendig, zu praktizieren. Allerdings ist es nicht einfach, mit den Methoden zu arbeiten, wenn es darauf ankommt. Aber durch die Praxis werden wir besser verstehen können, wie essenziell der Dharma, die Lehre Buddhas für jeden Einzelnen von uns ist.

Ein weiterer Punkt ist, dass wir tendenziell nur scheinbar etwas über unsere inneren Bedingungen lernen wollen, wenn wir den Dharma als Leitfaden verwenden, um mit den Ursachen der Emotionen zu arbeiten. In Wirklichkeit sind wir mehr daran interessiert, unsere aktuellen, zeitlich begrenzten Probleme zu lösen. Unbewusst benutzen wir also die Lehre Buddhas, um mit unseren persönlichen Schwierigkeiten umzugehen. Wir wollen es uns in einem komfortablen Geisteszustand gemütlich machen.

Schließlich gibt es das Problem, dass wir denken, wir sollten auftretende Gefühle „transformieren". Das ist eine Idee, die wir während der Belehrungen aufgeschnappt haben. In unserer Vorstellung meinen wir, dass das bedeutet, „die Belehrungen anzuwenden". In Wirklichkeit sind wir nur einem weiteren falschen Konzept aufgesessen.

Wie in der Einleitung zu diesem Kapitel bereits erwähnt wurde, besteht der buddhistische Weg auch nicht nur aus einer, sondern aus sehr vielen Methoden, um das selbe Ziel zu erreichen. Einige dieser Methoden sind relativ einfach, andere wiederum sind recht anspruchsvoll. Viele von ihnen werden in den buddhistischen Zentren gelehrt und jeder kann eine passende Methode finden. Aber um richtig wählen zu können, braucht man Wissen und Verständnis. Das wiederum erfordert Anstrengung, Zeit und Geduld. Hat man dann die richtige Praxis, sind erneut Anstrengung, Zeit und Geduld erforderlich.
Aber man kann die passende Praxis finden und sie anwenden. Das ist die richtige Vorgehensweise, um einem spirituellen Weg zu folgen.

Allerdings werden wir vielen Schwierigkeiten begegnen, wenn wir versuchen, Hingabe zu entwickeln, positiv zu handeln und negatives Karma zu reinigen. Hierbei ist der Weg des Dharma für Tibeter und andere Asiaten genauso schwierig wie für Menschen aus dem Westen. Man mag sich fragen, warum das so ist?

Der Grund liegt darin, dass wir als menschliche Wesen sehr mit Samsara verbunden sind. Was Buddha lehrte, scheint im Gegensatz zu unseren samsarischen Gewohnheiten zu stehen. Wir sind daran gewöhnt, Wissen zu sammeln und Ergebnisse zu erzielen, das ist die Art, wie wir leben. Aber Dharma-Praxis erfordert einen anderen Ansatz, darin liegt die Schwierigkeit.

Dringen wir dann immer tiefer in die Bedeutung der buddhistischen Lehre ein, erscheint unser Verständnis Schicht für Schicht. Je mehr Klarheit und Verständnis zunehmen, desto mehr werden wir uns selbst ermutigen, zu praktizieren und weiterzumachen. Dadurch wiederum vergrößert sich das Verständnis. In der Folge wird die Lehre Buddhas immer wichtiger, wir werden motivierter und tun immer mehr, usw.. Das ist die Art, wie es sich entwickelt.

Dharma-Praxis ist keine Pflichtübung

Die buddhistischen Belehrungen sind für euch, sie richten sich an euch und an euer derzeitiges Leben. Deshalb sollte man seine Dharma-Praxis nicht als Pflicht auffassen und sich nicht zu sehr unter Druck setzen. Es geht nicht darum, starr Regeln und Vorschriften zu folgen und blind zu gehorchen, und die Lehre Buddhas besteht nicht nur aus Theorie und Prinzipien.

Es ist also gut zu überlegen: „Warum sagt der Dharma, was er sagt?", weiter: „Wenn ich die Belehrungen umsetze, was für einen Nutzen wird es mir bringen, was ist der Nutzen für andere?"

Nehmen wir als Beispiel, dass bestimmte Handlungen zu bestimmten Ergebnissen führen. Es gibt also „gute" und „nicht so gute" Taten.

Man sollte untersuchen, was das für das eigene Leben bedeutet. Welche Ergebnisse wird man, basierend auf dem, was man jetzt tut, erreichen? Was wird man also in Zukunft als Folge seines Handelns erleben? Wenn man negativ handelt, welche Konsequenzen wird das für einen selbst und für andere haben?

Über derartige Fragen denkt man immer wieder nach, man kann auch mit anderen darüber diskutieren. Das führt dazu, dass man zunehmend mehr Klarheit darüber erreicht, was der Sinn der buddhistischen Belehrungen ist. Durch diesen Prozess beginnt man, die emotionalen Ursachen und ihren Einfluss bei sich selbst zu bemerken. Blieben sie unbemerkt, würden einen die bereits lange bestehenden, eigenen Gewohnheiten blockieren und beherrschen. Das ist gleichbedeutend damit, zu leiden.

Die buddhistische Lehre gibt uns Anleitung auf unserem Weg

Hätten wir keine Bezugspunkte, wäre es sehr schwierig, den Weg zu finden, der aus dem Daseinskreislauf herausführt. Auch kostet es wirklich viel Zeit, umfangreiche Untersuchungen über sich selbst vorzunehmen. Wir brauchen also eine Richtung und Anleitung dafür, was wir tun sollen. Damit wir uns nicht verirren, vertrauen wir also auf die Lehre Buddhas.

An sich ist es dann einfach, den Belehrungen zu folgen, vorausgesetzt, wir kreieren keine Komplikationen. Wie bereits ausgeführt wurde, sollte man das Konzept des Bewertens, das Konzept der begrenzten Sicht und die Verzerrungen durch die Emotionen vermeiden.

Fängt man allerdings an zu praktizieren, ist es zunächst recht schwierig, sich dauernd zu sammeln und zu konzentrieren. Aber das ganze Leben kann zur Dharma-Praxis werden, nicht nur die Zeiten, die man als Praxis ansieht. Das trifft auf jeden von uns zu und ist wichtig. Man wendet also das, was der Dharma lehrt, als Praxis in jedem Aspekt seines Lebens an und setzt es um.

Wenn man aber Mühe hat, sich selbst zu beobachten, gibt es die Möglichkeit, Menschen um sich herum anzuschauen. Daraus kann man ebenfalls viel lernen. Man versucht zu erkennen, warum andere sich so benehmen und handeln, wie sie es tun. Die Grundlage für unsere Beobachtungen sind dabei die vielen Hinweise, die uns die buddhistischen Unterweisungen geben.

Hierbei gibt es verschiedene Personengruppen, die man beobachten kann, also beispielsweise die Leute im Allgemeinen oder die eigenen Freunde. Oder man schaut sich die Sangha an. Das ist besonders wichtig, da man viel vom spirituellen Lehrer lernen kann.

Eine Beobachung kann dann sein, dass es Leute gibt, die wirklich nicht richtig handeln können. Andere handeln zwar positiv, aber sie können nicht richtig praktizieren. Und dann sind da Menschen, die überhaupt nicht über die Lehre Buddhas nachdenken, sie haben einfach kein Interesse daran. Diese Beobachtungen sind weder Kritik noch Nörgelei.

Man verwendet sie, um etwas über sich selbst zu erkennen und zu einem besseren Verständnis zu gelangen, denn andere sind für uns wie ein Spiegel.

Trifft man dann auf scheinbar nette Leute, die nicht ganz richtig handeln, denkt man vielleicht, dass man sie gerne ändern würde. Man denkt: „Je eher desto besser!"
Aber wenn man dann auf sich selbst schaut und sich fragt, wie es einem selbst geht, was man macht und wo man im Leben steht, erkennt man, dass man auch einer von diesen netten Leuten ist.

Man versucht dann, sich zu ändern und nicht den negativen Gewohnheiten zu folgen. Stattdessen bemüht man sich, positiv zu handeln, und man sieht die eigenen Fehler in dem Prozess. Indem man kleine, positive Handlungen ausführt, beginnt man allmählich, sich in eine gute Richtung zu verändern und erreicht mehr Klarheit. Schließlich erkennt man, dass jeder zuerst lernen muss, mit den eigenen negativen Bedingungen umzugehen. Ganz natürlich werden dann die eigenen Beobachtungen, Überlegungen und die Anwendung und Umsetzung des Dharma zu einer Brücke: Über das Verständnis der eigenen Person entsteht das Verständnis für andere und umgekehrt.

Das Ergebnis werden wir nicht sofort bemerken

In alltäglichen Erfahrungen kann man oft einen Zusammenhang zwischen dem, was man tut, und dem Ergebnis erkennen. Auch bei der Dharma-Praxis möchte man sofort Veränderungen sehen. Normalerweise kann man hier aber kein unmittelbares, schnelles Ergebnis erzielen. Trotzdem sind ganz bestimmt Ergebnisse vorhanden. Wenn man mit der Praxis weitermacht, sammeln sie sich an.

Wenn man also die Lehre Buddhas jeden Tag anwendet, ein bisschen praktiziert, nachdenkt und regelmäßig meditiert, stellen sich Verbesserungen ein. Schaut man dann nach einem Jahr zurück, stellt man positive Veränderungen und Unterschiede fest, denn man hat wichtige Fortschritte gemacht.

Es ist mit eurem Geisteszustand wie mit Gras. Man weiß, dass es wächst, auch wenn man das nicht sehen kann. Erst nach einiger Zeit erkennt man, dass es höher geworden ist. Es ist sehr wichtig, dass man das weiß, damit man nicht aufgibt.

Drei wichtige Aspekte

Eine Antwort auf die Frage, was jetzt wichtig ist und was man lernen und erreichen sollte, kommt aus dem Tibetischen und sie besteht aus drei Teilen:

1. Es ist überaus wichtig, keinem fühlenden Wesen zu schaden.

2. Man versucht, anderen zu helfen und nutzbringend für sie zu sein, so gut man kann.

3. Und man sollte lernen, den eigenen Geist zu zähmen.

Zu Punkt eins:
Wenn man anderen schadet, wird man selbst das sich daraus ergebende schwierige Karma erleben.
Leider haben wir uns aber in der Vergangenheit daran gewöhnt, negativ zu handeln, weil wir einfach nicht wissen, was wir tun und was wir lassen sollten. Wüssten wir es, würden wir uns dafür entscheiden, positive Handlungen auszuführen.
Das Problem ist, dass Gefühle unsere negativen Handlungen auslösen. Aber wir denken, dass es normal ist, Gefühle wie Begierde, Neid oder Eifersucht zu haben. Natürlich gehören sie zur menschlichen Natur, fast fühlen sie sich an wie ein Teil unseres grundlegenden Potenzials. Allerdings sind wir uns der Zusammenhänge nicht bewusst, deshalb wissen wir nicht wirklich, was sie für einen Effekt auf uns haben. Da nämlich alles dem Gesetz von Ursache und Wirkung unterliegt, können wir den Folgen unserer leidbringenden Taten nicht entkommen.
Das Ergebnis ist dann Leid für alle. Dabei ist gerade das Greifen nach unserem Ich unser Hauptproblem, denn dadurch sind der Daseinskreislauf und Leiden bedingt.
Durch einen Geist, der Unwissenheit ist, entsteht die Anhaftung an das Ich. Aus diesem Greifen wiederum entstehen die emotionalen Ursachen und die Emotionen und damit Leid.

Im Moment können wir diese Ich-Anhaftung jedoch nicht als etwas Schlechtes erkennen. Wir sind so, wie wir sind. An sich ist das Greifen nach dem Selbst auch weder gut noch schlecht. Es ist einfach unsere Art, uns als von anderen getrennte Wesen zu erfahren. Damit sind allerdings Bedingungen verbunden, wie die Bildung eines eigenen Territoriums, das wir „Ich" oder „Mein" nennen und das wir als von anderen getrennt erleben.

Es ist so, als seien wir gerade aus Schlamm herausgetreten, und unsere dreckigen Füße verschmutzen alles, wo wir hintreten, obwohl wir es nicht wollen. Ähnlich möchten wir nicht leiden, setzen aber selbst immer wieder die Ursache dafür. Es ist die Lehre Buddhas, der uns den Weg zeigt, das völlig zu ändern. Aber bis wir erleuchtet sind, werden wir immer an einem Ich festhalten.

Zu Punkt zwei:
Wenn man anderen hilft, wird man selbst das sich daraus ergebende positive Karma erleben. Indem man also nutzbringend für andere handelt, schafft man gute Bedingungen für die eigene weitere Entwicklung in der Zukunft.
Generell gilt: Handeln wir anders, ist auch das Ergebnis anders. Auch so ist es möglich, (positive) Veränderungen zu erreichen.

Zu Punkt drei:
Es ist notwendig, dass wir unseren Geist unter Kontrolle bringen. Das ist ein allmählicher Prozess.
Ohne sich selbst zu beurteilen, versucht man zunächst einmal herauszufinden, wie man fühlt und was man denkt. So lernt man die eigenen Ablenkungen und Störungen, die vor allem aus Emotionen bestehen, kennen. Auch wenn man meint, dass man das nicht so gut kann, sollte man es weiter versuchen. Es ist einfach notwendig, dass man sehen kann, was sich in einem selbst abspielt, damit man damit arbeiten kann. Sieht man die Negativitäten nicht, kann man nichts tun und wird die leidvollen Konsequenzen sicher erleben müssen.

Es ist besser, nicht zu manipulieren

Die emotionalen Ursachen sind Teil des eigenen Geistes. Deshalb kann man sie verstehen. Wenn man das erkennt, wird man ruhiger, ungezwungener und gelassener.
Dadurch wiederum erkennt man das dauernde Bewerten und die emotionalen Zustände, die man durchlebt.

Zunächst einmal sollte man sich mit leicht erkennbaren, emotionalen Ursachen befassen, beispielsweise Hass oder Begierde. Schaut man dann genauer und aufmerksamer hin, sieht man alle Arten von emotionalen Ursachen, die sich daraus ableiten. Weiter versucht man zu erkennen, wie man durch jede emotionale Ursache beeinflusst wird.

Möglicherweise stellt sich dann heraus, dass man das Bedürfnis hat, Recht zu behalten, und dass man deshalb immer wieder manipuliert.

Tritt das eher unangenehme Gefühl auf, im Unrecht zu sein, manipuliert man unbewusst reflexartig, damit es so wirkt, als ob man selbst Recht hätte und die anderen sich irren würden. Damit fühlt man sich dann wieder besser. Diese innere Berichtigung der eigenen Perspektive oder der entscheidenden Fakten bzw. Umstände ist sehr subtil. Aber man sollte sich bemühen zu erkennen, dass man so handelt und wie man vorgeht, denn diese subtile Manipulation macht einen unruhig und unglücklich.

Ein weiterer Punkt ist, dass sie dazu führt, dass man andere in relativ negativem Licht sieht.

Wenn man diese Tricksereien aufmerksamer und bewusster wahrnimmt, wird man die eigenen Reaktionen bemerken, wenn man sich dem kleinsten Widerspruch gegenübersieht. Aber selbst wenn man diese Vorgänge bei sich wahrnehmen kann, wird man sie nicht sofort abstellen können. Natürlich ist man dann zunächst etwas enttäuscht, weil man nicht in der Lage ist, sich selbst zu bremsen.

Trotzdem versucht man, klarer zu sehen, was passiert. Nach und nach wird es dann besser werden. Je vertrauter man mit den eigenen Mustern wird, desto weniger lässt man sich auf sie ein. Und man weiß immer besser, wie man damit umgeht.

Wenn man verstanden hat, dass es leidvoll ist, Dinge zu verdrehen, lässt man es einfach. Allerdings braucht man das richtige Verständnis über Karma und Leid. Sonst akzeptiert man nicht, dass es notwendig ist, sich zu ändern. Weiter sind Liebe und Mitgefühl unerlässlich.

Nehmen wir als Beispiel, dass wir keine Mücken, Ameisen, Fliegen, Spinnen oder andere Insekten töten sollten. Sehen wir sie als Plage an, scheint es richtig zu sein, sie zu töten. Aber wenn wir erkennen, dass auch sie fühlende Wesen sind, so wie wir, wird unsere Abneigung ihnen gegenüber abnehmen. Das bedeutet nicht, dass wir sie stattdessen unbedingt mögen müssen.

Es ist eher so, dass wir verstehen, dass sie ihren Lebensbedingungen als Insekten unterliegen, so wie wir unseren Bedingungen als Mensch unterliegen. Wie wir, möchten auch sie nicht sterben. Der Wunsch, am Leben bleiben zu wollen, ist grundlegend gleich bei allen fühlenden Wesen. Wenn man diese Art des Verständnisses entwickelt hat, wird der Wunsch zu schaden ganz von alleine verschwinden. Man stellt fest, dass man sich verändert hat.

Mit eurer inneren Manipulation ist es ähnlich. Auch hier verändert sich eure Sichtweise allmählich und nicht plötzlich. Es gibt keine Wunder.

6. Geistesruhe

Geistesruhe ist eine der Bedingungen, die wir brauchen, um die emotionalen Ursachen und unsere Emotionen zu erkennen.

Damit geistige Ruhe entstehen kann, ist es aber zunächst einmal notwendig, unsere geistige Aufregung zu vermindern. Sie schränkt uns ein. Wir können dann nur noch die Oberfläche sehen, also die gröberen Emotionen wie Ärger. Subtilere Gefühle dagegen entgehen in so einem Zustand sehr leicht unserer Aufmerksamkeit. Ist der Geist dagegen relativ ruhig, kann man auch die tiefer liegenden und feineren Emotionen wahrnehmen.

Liest man das, denkt man meist, man habe verstanden, warum Geistesruhe so wichtig ist. Man denkt: „Ganz klar, ich brauche diese Geistesruhe."

Aber in Wirklichkeit haben wir nicht erkannt, warum Geistesruhe notwendig ist. Die Folge ist, dass wir diese Erkenntnis in einer Art geistiger Schublade verwahren, statt uns anzustrengen. So verzögert sich unser Verständnis. Im Ergebnis haben wir dann weder Geistesruhe erreicht, noch wissen wir, was wir damit tun sollen.

Es ist also notwendig zu erkennen, dass Geistesruhe wirklich sehr wichtig ist. Sonst werden wir nicht die Bedingungen finden, die nötig sind, um Geistesruhe zu entwickeln. Auch hier nimmt man sich deshalb wieder Zeit und denkt mithilfe der buddhistischen Erklärungen sorgfältig darüber nach, ob Geistesruhe in der eigenen Situation nützlich und hilfreich ist.

In geistiger Ruhe verweilen

Durch Geistesruhe können wir die Unwissenheit überwinden, die unseren Geist wie Nebel bewölkt. Dieser Nebel ist nichts anderes als der konstante und endlose Strom dessen, was sich in unserem Geist ereignet. Es ist also unerlässlich, bewusst zu sein, ohne irgendeine geistige Tätigkeit zu entwickeln. Nur dann kann sich der Nebel auflösen. Er wird sich sicher nicht auflösen, wenn man nur einfach irgendwo rumsitzt. Rumsitzen oder Schlafen sind keine Geistesruhe. Das mit geistiger Ruhe zu verwechseln, ist ein falsches Konzept.

Tatsächlich ist es mit Geistesruhe wie mit Wellen. Man kann aktiv nichts tun, um sie zu beruhigen. Es gibt nur eine Sache, die man „tun" kann, und das ist nichts zu tun. Wir lassen das Wasser einfach in Ruhe und die Wellen werden weniger. Genauso kann geistige Ruhe sehr einfach eintreten, wenn man den Geist in Ruhe lässt. Allerdings bedeutet das nicht, dass man nichts unternimmt, um Geistesruhe zu entwickeln. Man muss es üben.

Buddha lehrte vor mehr als 2500 Jahren Geistesruhe. Weiter sagte er, dass wir eine kostbare menschliche Existenz haben. Sie ist aber zerbrechlich, man kann sie also sehr leicht wieder verlieren. Deshalb ist es wichtig, dieses Leben auf eine gute Art und Weise zu nutzen.
Weiter lehrte er, dass alle fühlenden Wesen den Wunsch haben, glücklich zu sein. Ohne es zu wissen, verursachen sie stattdessen Leid, dadurch, dass sie immer etwas wollen. Bleiben diese Begierden unbemerkt, können sie in Gier umschlagen, eine exzessive Form des Wollens. Man wendet dann seine ganze Energie auf und strebt nach etwas, bis man es hat.

Auch wenn wir Geistesruhe zu sehr anstreben, entwickeln wir stattdessen Gier, die eine Zusammenziehung unseres Geistes ist. Weiter entstehen mehr Anspannung und Unruhe. Das ist etwas, was wir nicht wollen. Diese Art der Vorgehensweise funktioniert einfach nicht, weder allgemein, noch wenn wir mit unserem Geist arbeiten und Geistesruhe unser Ziel ist. Es ist somit notwendig, sehr vorsichtig zu sein mit der Gewohnheit, immer etwas zu wollen.

Wir wissen also, dass wir Geistesruhe brauchen, wir sind wirklich motiviert und wollen sie auch erreichen. Unsere Hoffnungen und unser Drängen richten sich darauf. In Bezug auf beide sind wir achtsam, damit wir erkennen, wenn sie zu Begierde werden und uns unseren Frieden rauben. Gleichzeitig dürfen wir nämlich keine Hoffnung hegen, dass Geistesruhe eintritt.
Wir streben also geistige Ruhe mit einem Geisteszustand an, der mit dem gewünschten Ergebnis, nämlich Geistesruhe, zusammenpasst.

Um das richtige Gleichgewicht zu finden, lernen wir, unsere positive Motivation ohne Unruhe gegenüber der Begierde auszubalancieren. Wir sind uns einfach klar darüber, dass geistige Ruhe sehr nützlich und sehr wichtig ist.

Verstehen wir wirklich, wie wichtig Geistesruhe ist, kommt sie von ganz alleine, wenn wir den Geist in Ruhe lassen. Indem wir üben, bewusst und sorgfältig zu sein, entwickeln wir nach und nach mehr Ruhe und Klarheit. Dabei vermeiden wir, wie gesagt, übermäßigen Zwang.
Ist beispielsweise die Brille verschmutzt, wird man die Gläser auch nicht zerkratzen oder beschädigen, wenn man den Schmutz entfernt. Man wird sie putzen, um wieder klar sehen zu können.

Mit unserem Geist ist es das gleiche. Wir üben also, bis wir eine ganz natürliche Wachsamkeit in Bezug auf unsere Anspannungen entwickelt haben. In dem Moment, wo man sanft erkennt, dass innere Spannungen entstehen, kann man entspannen.

Es gibt ein weiteres Konzept in Bezug auf Geistesruhe, und es ist gut, sorgfältig darauf zu achten, ob es auftritt.
Die Rede ist von der Idee, Emotionen müssten bekämpft werden. Wir erklären ihnen allerdings nicht den Krieg, denn das würde nur mehr Spannung und Stress hervorbringen. Die Emotionen stehen uns zwar im Weg, aber wir kämpfen nicht gegen sie. Sie sind Bewegungen im Geist, die unsere Wahrnehmung blockieren. Es ist notwendig, dass wir uns ihrer bewusst sind, und wir sollten verstehen, wie sie funktionieren, aber ohne Druck.

Unser Wohlergehen und unsere geistige Ruhe hängen voneinander ab

Oft geht es uns nicht gut und wir gehen davon aus, dass es etwas von außen ist, das uns glücklich machen könnte. Das wurde bereits mehrfach angesprochen.
Man denkt vielleicht: „Wenn ich nur mehr Geld hätte, dann wäre alles besser." Oder aber: „Wenn mein Partner netter wäre, dann wäre ich glücklicher."

Diese Gedanken und Erwartungen zeigen unsere fehlgeleitete Abhängigkeit von äußerlichen Dingen. Wir fokussieren uns irrigerweise auf Dinge im Außen.

Das soll aber nicht bedeuten, dass wir die Dinge, die in der äußeren Welt vorgehen, ablehnen sollten.

Es ist vielmehr so, dass die Art, wie wir die äußeren Phänomene sehen und betrachten, völlig von uns selbst abhängt. Wenn man versteht, dass man die Quelle von allem ist, was man wahrnimmt, wird einem klar, wie wichtig geistige Ruhe ist. Glück hängt also ganz und gar von uns selbst ab, und ohne geistige Ruhe können wir nicht glücklich sein. Andererseits können wir aber keine Geistesruhe entwickeln, wenn wir unglücklich sind.

Geistesruhe und Glück stehen in Wechselbeziehung zueinander und letztendlich zu unserem Wohlbefinden. Beides ist nötig, damit es uns gut geht.

Im Tibetischen entsteht ein dritter Begriff, wenn man zwei Worte zusammenfügt, und „Wohlbefinden" besteht aus den Begriffen „Frieden" und „Glück".

Unterscheiden, ob wir etwas wirklich brauchen, oder ob wir nur gierig sind

Das meiste, was wir uns wünschen, brauchen wir nicht wirklich zum Leben. Es ist wichtig, hier ehrlich zu sich selbst zu sein, wenn es darum geht, zu entscheiden, was wir wirklich zum Leben benötigen und was ganz nett wäre, aber eigentlich nicht nötig ist. Das herauszufinden ist Sache eines jeden Einzelnen. Niemand anders kann einem sagen, ob man etwas wirklich braucht oder nicht. Das schließt neben den äußerlichen Dingen auch alle unsere inneren Gefühle ein.

Wir lernen also, unsere echten Bedürfnisse von unseren Begierden zu unterscheiden.

Um uns zu ändern, beginnen wir dabei mit unseren derzeitigen Gewohnheiten. Man lernt den wahren Wert von etwas für sich selbst zu beurteilen, statt blindlings Dingen hinterherzurennen.

Noch wichtiger aber ist es, dass wir verstehen werden, was unsere Begierden bedeuten. Das Greifen nach Dingen verzehrt uns sonst völlig.

Hört man aber damit auf, sich zu verausgaben, um Dinge zu bekommen, dann wird man ruhiger.

So gewinnt man ein bisschen Raum, um das Wohlbefinden, den Frieden und das Glück zu erreichen, das wir uns alle so sehr wünschen. In der Folge vermindert sich der Effekt, den die emotionalen Ursachen auf uns haben. In gewisser Weise ist es also gar nicht so schwierig, damit aufzuhören, Dingen nachzujagen. Eigentlich ist es recht einfach, wenn man achtsam ist.

Im Moment sind wir allerdings wie jemand, der sich in der Sahara verirrt hat und der nach einer Oase sucht. Wir sehen etwas, was wie eine Fata Morgana ist, laufen hinterher und wenn wir es erreicht haben, ist es weg. Dabei ist es doch sehr frustrierend, einer Fata Morgana in der Sahara hinterherzulaufen!

Wie bereits erklärt wurde, bedeutet das Arbeiten mit unseren Begierden jedoch nicht, dass wir sie verleugnen.

Man denkt also nicht: „Ich brauche das nicht. Ich sollte das vermeiden.", da strenge Disziplin nicht funktioniert.

Tatsächlich gibt es auch einen einfachen und wirksamen Weg, die Gewohnheit Begierde zu empfinden, zu verändern. Er benötigt allerdings Zeit:

Jeden Tag, wenn man wach wird, ist der erste Gedanke normalerweise damit verbunden, etwas zu wollen. Sind die Lebensumstände zu dem gegebenen Zeitpunkt sehr verwirrend, kann der erste Gedanke auch mit Furcht oder Sorge zu tun haben. Es ist ein unbewusstes und sehr subtiles Gefühl. Man sollte selbst prüfen, ob das zutrifft.

Stattdessen sollte man sich morgens als Erstes an Bodhicitta erinnern. Man denkt also ganz aufrichtig, dass man allen fühlenden Wesen gleichermaßen helfen sollte, beispielsweise Menschen und Tieren.

Man muss nicht in Meditation dasitzen, um sich das vorzunehmen und Bodhicitta zu erzeugen. Weiter muss man nicht alles ganz genau im Detail denken oder auf eine bestimmte Art und Weise. Man konzentriert sich einfach aufrichtig auf das Gefühl, dass man etwas für andere tun möchte.

Man denkt beispielsweise: „Ich wünsche mir, dass ich meine Fähigkeiten als Mensch nutzen kann, um anderen zu helfen." Während des Tages, während man seine Arbeit verrichtet und seinen Pflichten nachkommt, versucht man dann, mit anderen rücksichtsvoll umzugehen und ihnen zu helfen, so gut man kann. Wenn diese Einstellung nach einiger Zeit eine Gewohnheit geworden ist, hat man auch seine Begierden verändert und vermindert. Wir werden dann feststellen, dass es viel einfacher ist, mit den eigenen Gefühlen umzugehen.

Offen im gegenwärtigen Moment sein

Meistens gibt es keinen Grund, nicht glücklich zu sein. Aber statt in jedem Moment davon auszugehen, dass wir in Ordnung sind, versuchen wir, uns für die Zukunft zu schützen oder für vergangene Situationen zu rechtfertigen.

Man ist also mit der Aufmerksamkeit fast nie in der Gegenwart. Stattdessen denkt man an andere Dinge, zum Beispiel in der Zukunft: „Gleich werde ich etwas trinken, ich habe Durst."
Oder an Vergangenes: „Als er mich heute Morgen angesprochen hat, war meine Antwort ganz schön dumm. Wenn ich doch schlagfertiger wäre."

Man ist also nicht bewusst im Moment, obwohl man mit der Aufmerksamkeit gar nicht in der Vergangenheit oder in der Zukunft zu sein braucht. Das führt dann unweigerlich zu Hoffnungen und Ängsten, die uns endlos ablenken. Wir nähren unsere Emotionen und Spannungen, und das ist das genaue Gegenteil von Wohlergehen. In der Folge beklagen wir uns über Ablenkungen und den Stress, den wir haben. Aber wer kreiert denn diese Spannungen? Wir selbst sind es!

Deshalb bedeutet die Entwicklung unseres Wohlbefindens, dass wir üben, in der Gegenwart zu sein. Wenn man sich bewusst ist, was passiert, ist man sich auch der Entstehung der Spannungen bewusst, statt sie weiterzuentwickeln.

Aufmerksamkeit wird also als wertvolle Qualität angesehen, um Wohlbefinden zu erreichen. Sie öffnet den gegenwärtigen Moment für uns.

Aber auch wenn wir vielleicht wissen, wie wir üben, im Hier und Jetzt zu sein, können wir es oft doch nicht. Meditation ist hart.

Das eigentliche Problem dabei ist, dass wir zunächst denken, es sei langweilig, nur dazusitzen und nichts zu tun. Dabei ist Meditation so ziemlich das Gegenteil von „Dasitzen" und „Nichtstun".

Es ist insgesamt wichtig, dass wir ohne Druck damit beginnen, Achtsamkeit aufrechtzuerhalten. Schließlich werden wir anfangen, klarer zu sehen, was in uns abläuft. Wir können erkennen, wie die Emotionen entstehen und wie uns unser unaufhörliches Denken davon abhält, offen in der Gegenwart zu sein.

Wenn man tatsächlich präsent sein kann, dann hat der Moment auch einen wirklichen Geschmack. Um das zu entdecken, sind Übung und Zeit notwendig. Die Ruhe des Geistes ist ganz natürlich, denn der Geist ist nicht aus sich selbst heraus bewegt oder aufgewühlt. Wenn wir ihn nicht „berühren", wenn wir ihn einfach lassen, dann wird sich diese Ruhe auch auf unser tägliches Leben ausbreiten.

Allerdings nur dann, wenn wir praktizieren, wenn wir also üben. Dieses Training kann sich dann auch auf unser alltägliches Leben ausdehnen.

Mit der Zeit erkennt man aufgrund des gelassenen Geisteszustandes einen Unterschied in der Art, wie man mit Leuten und Situationen umgeht. Man sieht die Aufregungen anderer um einen herum klarer, einfach weil man auch einmal so war. Wir können deshalb mit anderen Verbindung aufnehmen und anbieten, sie in einer sinnvollen Art und Weise zu unterstützen.

7. Eine andere Sichtweise einnehmen

Wie wir die Welt wahrnehmen, ist also tendenziell durch unsere Emotionen gefärbt. Sie sind wie eine bunte Brille, die man aufgesetzt hat, und sie beeinflussen, wie man Situationen erlebt und auf sie reagiert. Es ist wichtig, dass man das versteht und sich klar darüber ist.

Allmählich beginnen wir dann, eine neue Sichtweise einzunehmen. Dadurch, dass wir bewusster sind, können wir unsere Konzepte abschwächen. Die Emotionen erschweren es zwar, aber man versucht sich darüber klar zu sein, dass es da eine Verzerrung in der Wahrnehmung gibt. Dann gelingt es, trotz der Gefühle, eine schmale Öffnung zu erkennen. Sie ermöglicht es, sich dafür zu entscheiden, nicht den eigenen Gewohnheiten nachzugeben. Man bleibt sich also der Erkenntnis bewusst, dass es tatsächlich einen anderen Weg gibt.

Es ist, wie wenn man eine Sonnenbrille tragen würde, sie abnimmt und den Himmel anders sieht.
Trägt man eine Sonnenbrille, kann man sich immer daran erinnern, dass die Umgebung nicht ganz so dunkel ist, wie man sie wahrnimmt. Man würde nicht vergessen, dass man sie jederzeit absetzen kann.

Auch ist es bei anderen einfacher zu erkennen als bei uns selbst, was ein Fehler ist. Das geht uns allen so, weil wir die Emotionen der anderen nicht selbst erleben. Wir sehen die Welt nicht durch ihre „Brille".
Man denkt dann etwa: „Es ist offensichtlich, dass sie das nicht tun sollte.", oder: „Es wäre besser, sie würde es lassen".
Aber die Betreffende selbst kann nicht wirklich hinter ihre eigenen Emotionen schauen.

Offenheit für eine andere Sichtweise entwickeln

Obwohl man versuchen sollte, zu verstehen, was wirklich in einem selbst und in anderen passiert, tut man das normalerweise selten. Dabei ist es gar nicht so schwierig, hinter das Konzept der Emotionen zu schauen. Stattdessen kümmern wir uns aber meist um unsere eigenen Belange und bewerten alles danach, ob es für uns von Vorteil ist.

Das ist eine grundlegende Tendenz in unserem Geist. Würden wir uns dagegen mehr in unsere Mitmenschen hineinversetzen, würden wir uns unseres Greifens bewusst werden.

Weiter könnten wir unterschiedliche Sichtweisen verstehen und erkennen, dass andere die gleichen Emotionen erleben wie wir. Und wenn man offener für andere wird, beginnt man, sich mit Fürsorge um das gegenseitige Wohlergehen zu kümmern. Wenn wir also ernsthaft Interesse und Sorge für eine andere Partei aufbringen, dann werden wir sorgfältiger und genauer schauen. Auf diese Weise können Meinungsverschiedenheiten eine Quelle des Glücks für uns werden, denn gerade Konflikte geben uns die Chance, rücksichtsvoll mit anderen umzugehen. Wir bekommen die Möglichkeit, eine Lösung zu suchen, um andere zufriedenzustellen, was das Herz unserer Bodhicitta-Praxis ist. Ganz spontan lassen wir so unsere Selbstbezogenheit hinter uns.

Wie man das Leben erfährt, ändert sich völlig, wenn man so handelt. Man braucht seine Energien nicht mehr länger darauf zu verwenden, frustriert zu sein.

Unsere Frustrationen werden sich mit der Zeit verringern, bis sie keinerlei Bedeutung mehr für uns mehr haben. Es gibt dann keinen Grund mehr, sich schlecht zu fühlen, und es ist viel leichter, mit dem Leben umzugehen.

Aber auch auf dem Weg dahin leiden wir immer weniger unter Anspannung und Stress. Das führt dazu, dass unser Geist offener wird, und durch unser zunehmendes Verständnis wird er entspannter.

Allerdings bedeutet das nicht, dass man die eigene Meinung ändert, oder aufgibt, während man versucht, die Sichtweise eines anderen Menschen nachzuvollziehen.

Die Sichtweise, von der hier die Rede ist, geht tiefer als oberflächliche Meinungen. Es ist ganz normal, dass Menschen unterschiedliche Standpunkte haben. Das Problem dabei ist, dass man so schnell bewertet und zurückweist. Weiter neigt man dazu zu glauben, dass Dinge und Situationen recht fest sind, dass es dieser Weg sein soll oder keiner, und dass eine Seite recht hat und die andere sich irrt.

Und unser Gefühl von „falsch" wird dann oft von uns in ein Gefühl von Gegensatz übersetzt. Die Folge ist, dass wir den anderen ablehnen. Aber das ist nicht die Realität. In Wirklichkeit kann einer Recht haben,

der andere aber auch. Beide Seiten können zur gleichen Zeit Recht haben.
Verschiedene Wirklichkeiten können nebeneinander existieren. Sie sind allerdings beladen mit den verschiedenen Sichtweisen der Leute und den Bedingungen, denen sie unterliegen. Man denkt, die eigenen Probleme entstünden durch äußere Umstände. Dabei packen wir nur unsere eigenen Ideen auf das drauf, was wirklich passiert. Und wir halten meist an unseren Sichtweisen fest und wollen, dass andere tun, was wir uns vorstellen. Sie sollen ihre Meinung ändern und uns beipflichten. Indem wir uns dagegen für andere öffnen, werden wir erkennen, dass viele Lösungen und Interpretationen gleichwertig sind. Verschiedene Wirklichkeiten können in einer Offenheit des Geistes ohne weiteres nebeneinander existieren.

Wir stellen dann auch fest, dass wir die Konflikte, die wir normalerweise nicht mögen, weder akzeptieren noch ablehnen müssen. Man nimmt eben einfach zur Kenntnis, dass es unterschiedliche Meinungen gibt. Dann kann man sich die Zeit nehmen, um die andere Partei zu verstehen, um zu erkennen, was wirklich abläuft und die Situation aus einem anderen Blickwinkel zu sehen. Diese Änderung der Perspektive ist oft befriedigend, weil wir uns dadurch für eine Lösung öffnen, die für alle passt und annehmbar ist.

Aus diesen Gründen sollten wir also versuchen, die Schwarz-Weiß-Interpretation von Situationen und Menschen zu vermeiden.

Die Vergangenheit ist ein fruchtbares Feld für das Anwachsen unserer Weisheit

Ein weiterer typischer Denkfehler ist, dass wir meinen, wir seien zu alt, um uns zu ändern. Oder wir denken, wir hätten den Anschluss verpasst und schon eine ganze Menge Zeit verloren.
Das stimmt aber nicht. Es gibt in unserer Vergangenheit sehr viele wertvolle Erfahrungen in Bezug auf die Fehler, die wir unter dem Einfluss von Emotionen gemacht haben. Es ist ein großer Schritt, wenn man verstehen kann, wie einen Emotionen früher verwirrt haben und wie sie das eigene Urteil und die eigenen Handlungen gestört haben. So gesehen ist unsere Vergangenheit wie ein fruchtbares Feld, wenn wir wissen, wie

wir es bebauen sollen.

Das Ergebnis dieser Betrachtungen ist das, was wir im Tibetischen „yeshe" nennen. Es bedeutet „ursprüngliche Weisheit", womit nicht Intelligenz gemeint ist, sondern Klarheit des Geistes.

Diese Weisheit kann sozusagen den Staub auf unserer geistigen Brille entfernen.

Deshalb denken wir also in Ruhe über unsere früheren Fehler nach und beginnen zu erkennen, wie unsere Gefühle unser Denken und unsere Handlungen beeinflusst haben. Dann kann man langsam die eigenen Gewohnheiten berichtigen und die gleichen Fehler in Zukunft vermeiden.

Es ist diese Fähigkeit klar zu sehen, die es uns gestattet, derartige Korrekturen vorzunehmen. Was wir hier tatsächlich tun, ist, die emotionale Ursache zu schwächen. Das führt dann wiederum zu größerer Klarheit unseres Geistes und damit dazu, dass sich unsere Weisheit weiterentwickelt.

Der Vorteil von Nicht-Abgelenktheit

Um richtig nachzudenken und diese Klarheit des Geistes, die Weisheit ist, vermehren zu können, ist es notwendig, einen Zustand der „Nicht-Abgelenktheit" zu entwickeln.

Der Begriff „Nicht-Abgelenktheit" ermöglicht eine bessere Beschreibung als das Wort „Konzentration", da er ganz direkt die Notwendigkeit von „einfach lassen" beschreibt. Gleichzeitig erfasst dieses Wort auch, dass man sich nicht in irgendwelche Ablenkungen verliert. Man geht nicht geistig irgendwohin oder schweift ab. Man ist hier im Moment geistig anwesend, in der Gegenwart von dem, was ist, was wirklich passiert.

Eine Möglichkeit, diese Nicht-Abgelenktheit direkt in unsere alltäglichen Aktivitäten einzubringen, ist, zwischen zwei Personen zu vermitteln, die streiten.

Betrachtet die Gefühle, die hineinspielen. Schaut einfach und versucht zu verstehen, was wirklich passiert. Versucht, die Argumente zu durchdringen, um den beiden Parteien zu helfen, sich wieder zu vertragen. Dann werdet ihr verstehen, wie hilfreich es ist, erkennen zu können, was abläuft, ohne durch Emotionen abgelenkt zu sein. So können wir Weisheit entwickeln. Und wir haben eine nie versiegende Quelle von Gelegenheiten, um sie zu vermehren, weil Emotionen in uns allen reichlich vorhanden sind. Die Gelegenheiten werden uns also niemals ausgehen.

Die Qualitäten einer beobachtenden Einstellung

Was beschrieben wurde, ist die Einstellung eines Beobachters. Man sollte wissen, dass diese Einstellung nicht bedeutet, dass man beurteilt, apathisch ist oder sich nicht einmischt. Weiter heißt es nicht, dass man die Probleme anderer ausschließlich als deren Probleme ansieht. Oder sich nur darum kümmert, dass es einem selbst gut geht und man selbst sich entwickelt. Wenn wir also etwas tun können, um zu helfen, tun wir es natürlich, ohne zu zögern. Trotzdem haften wir nicht an und kritisieren andere nicht.

Im Tibetischen gibt es ein Wort, mit dem diese Sichtweise bezeichnet wird, die alles zulässt, wo alles möglich ist. Es kann einfach alles passieren. Es gibt nichts, was wirklich gut ist und auch nichts, was wirklich schlecht ist.

Worauf es ankommt, ist, dass wir unsere Achtsamkeit vermehren. Dadurch werden wir ausgeglichener. Dabei sind wir wach. Wir sind nicht schläfrig und dösen auch nicht.

Und wir sind entspannt, was allerdings nicht bedeutet, dass wir träge auf dem Sofa liegen und den ganzen Nachmittag Süßigkeiten und Kuchen essen. Tatsächlich können wir entspannt und gleichzeitig voll Energie sein.

Unser Ziel ist es, diesen Geisteszustand zu erreichen, der immer frisch, verfügbar, klar und entspannt ist. Ein entspannter Geist ist glücklich, und es ist nicht das übliche flüchtige Glück, sondern ein tieferes Glück, das ungetrennt von tiefer Gelassenheit und geistiger Klarheit ist. Dieses Glück ist selbst in Zeiten von Traurigkeit da, weil es die uns innewohnende Natur ist. Obwohl es noch nicht der Zustand eines perfekten Buddhas ist, kommt es dem doch recht nahe.

8. Zufriedenheit

Wenn wir täglich üben, bewusst zu sein, gut darin sind und über eine gewisse Intelligenz verfügen, werden wir bald erkennen, dass etwas fehlt, was für unser Wohlbefinden nötig ist: Es ist Zufriedenheit.
Da uns Gefühle oft frustrieren und stören, ist es wichtig, eine gewisse Balance zu finden. Zufriedenheit ist hier ein wesentlicher Faktor, um Stabilität zu erreichen.
Aber wir sind nicht daran gewöhnt, zufrieden zu sein. Wir wollen immer alles Mögliche. Das macht uns unzufrieden, und so werden wir leicht ein Opfer unserer Emotionen. Selbst wenn eine ganz kleine Sache passiert, ist man schon verärgert.

Hierbei nähren sich Unzufriedenheit und emotionale Ursachen gegenseitig: Unzufriedenheit bedingt unterschiedliche Einflüsse, die dazu führen, dass emotionale Ursachen entstehen und sich verstärken. Diese wiederum machen unzufrieden.

Wenn wir über Zufriedenheit sprechen, bezieht sich das auf mehr, als dass man grundlegende, materielle Dinge haben möchte. Die meisten von uns haben das, was sie zum Leben benötigen. Unsere Gefühle von Unzulänglichkeit entstehen also in uns selbst, nicht durch äußere Umstände.

Tashi beispielsweise, unser Übersetzer, sitzt angenehm geschützt unter dem Zelt. Drinnen ist es trocken, es gibt keinen Wind. Die Luft ist frisch und die Temperatur ist genau richtig. Das einzige Problem ist die Tonanlage. Es gibt kein Mikrofon und keine Lautsprecher, also muss er laut sprechen, damit jeder ihn hört.
Tashi kann ganz zufrieden sein, wenn er die guten Umstände in Betracht zieht. Oder er kann seine Gemütsruhe verlieren und sich ärgern weil eine Tonanlage fehlt. Die äußeren Umstände sind, wie sie sind. Aber wie er sich fühlt, das hängt von ihm selbst ab.

Insgesamt gibt es also meist keinen Grund, unzufrieden zu sein. Aber alle Botschaften, die wir von unseren Familien, Freunden und von der Gesellschaft bekommen, sind im Großen und Ganzen alles, nur nicht das. Im Gegenteil, seit wir Kinder waren, wurde uns immer wieder erzählt, dass wir für alle möglichen Dinge arbeiten und dieses und jenes erreichen sollten. Unabsichtlich wurde die Latte der Erwartungen und Wünsche so hoch gelegt, dass Zufriedenheit außer Reichweite geraten ist.

Man ist so sehr mit ständigem Wollen beschäftigt, dass man gar nicht merkt, dass man nicht zufrieden ist. Diese Unzufriedenheit ist also unbewusst. Wir sind uns auch nicht bewusst, dass Unzufriedenheit Emotionen erzeugt, unter denen wir leiden.

Um Zufriedenheit zu erreichen, vermindern wir also das Greifen bzw. die Haltung, immer etwas zu wollen, so weit, dass wir beginnen können, dieses Gefühl, dass etwas fehlt, zu entschlüsseln. Wir versuchen dann herauszufinden, wo die Unzufriedenheit herkommt und wie sie uns beeinflusst.

Deshalb ist der erste Schritt, sich zunächst einmal bewusst zu werden, dass man unzufrieden ist. Erst dann kann man beginnen, Zufriedenheit zu entwickeln.

Bodhicitta entwickeln

Um nicht in die Falle der Unzufriedenheit zu tappen, versuchen wir immer, mit Bodhicitta in Verbindung zu bleiben. Wir wünschen also allen Glück und dass sie nicht leiden müssen. Das ist nicht nur eine Idee, sondern eine aufrichtige und völlige Offenheit für das Wohlergehen anderer. Und es ist nicht nur eine gelegentliche Einstellung, an die wir uns von Zeit zu Zeit erinnern sollten. Ganz entscheidend ist vielmehr, dass wir mit dieser erleuchteten Einstellung in jedem Moment verbunden sind. Sonst schleicht sich sehr leicht Unzufriedenheit ein, und wir sind wieder in unserer Selbstbezogenheit gefangen.

Besonders in unseren Beziehungen und in unserer Familie sollten wir wachsam sein und Bodhicitta entwickeln.

Am Arbeitsplatz sind wir im Allgemeinen in der Lage, zurechtzukommen. Man muss seine Kollegen nicht lieben. Es ist sehr angenehm, sie zu mögen, aber man weiß doch, dass es vor allem darum geht, zusammenzuarbeiten.

In der Familie ist es anders. Man liebt den Ehemann/die Ehefrau, die eigenen Kinder und nahestehende Personen. Trotzdem gibt es die intensivsten Spannungen und Gefühle gerade dort, in diesen Beziehungen.

Man hat die Idee, dass man sie lieben sollte. Durch diese Verpflichtung sieht man nicht wirklich klar, was passiert. Es herrscht eher das Gefühl vor, dass man emotional sein darf, weil man denkt, dass man ja aus Liebe handelt.

Wenn es beispielsweise eine Meinungsverschiedenheit mit den Kindern gibt, hat man Bodhicitta oft einfach vergessen. Der Gedanke: „Dieser Weg könnte gut sein." verwandelt sich schnell in: „Es muss dieser Weg sein".

Ganz besonders fordernd wird man, wenn die Gesundheit oder Sicherheit der eigenen Kinder betroffen ist. Man ist sich nicht bewusst, dass es eigentlich die eigenen Forderungen sind. Das, was man will, erscheint einem als die einzige Möglichkeit. Es findet ein kompletter Wandel in einem selbst statt, wenn man das Gute oder das Wohlergehen des Kindes in das eigene Gute uminterpretiert. Man ist so selbst zu einer Art Richter geworden. Alles soll genau den eigenen Vorstellungen entsprechen.

Aber tatsächlich hat man seine Achtsamkeit verloren, den offenen Geist von Bodhicitta vergessen, und alle Arten von Problemen können damit ihren Anfang nehmen.

Verständnisvoller mit anderen umgehen

Wenn man von Emotionen nicht gestört und beeinträchtigt werden möchte, ist die Voraussetzung, dass man beginnt, seine Mitmenschen in einem anderen Licht wahrzunehmen. Im Wesentlichen sollten wir sie so sehen, wie wir uns selbst sehen. Auch sie wollen nicht leiden und auch sie wollen glücklich sein. Auch sie sind nicht perfekt, ebenso wenig wie wir es sind. Allerdings haben wir eine starke Tendenz zu glauben, dass wir besser sind als andere.

Man denkt vielleicht etwas in der Art wie: „Ich arbeite wirklich hart und er ist so faul."

Aber in Wirklichkeit haben wir grundsätzlich alle die gleichen Fehler und Qualitäten.

Wenn wir uns allerdings um Zufriedenheit bemühen, ändern sich die Dinge. Deshalb ist es unerlässlich, zu lernen, mit anderen Leuten zufrieden zu sein, so wie sie eben sind. Liest man das, wird man bis zu einem gewissen Grad zustimmen, wenn man an Leute im Allgemeinen denkt. Man versteht, dass Menschen eben Menschen sind. Bei der eigenen Familie oder anderen nahestehenden Personen fängt es aber an, schwierig zu werden.

So kann es Eltern schwer fallen, zu akzeptieren, dass das eigene Kind nicht so ist wie man selbst, und dass das Kind nicht perfekt ist. Eigentlich sollten Kinder, die nicht den Vorstellungen der Eltern entsprechen, keine allzu große Überraschung sein. Theoretisch können wir zustimmen, dass niemand vollkommen ist.

Aber trotzdem möchte man doch, dass die eigenen Kinder so denken und sich so benehmen wie man selbst. Man hat schnell vergessen, dass man zufrieden sein sollte, und die Kinder besser so akzeptiert wie sie sind. Sogar bei ihren an sich guten Eigenschaften findet man vielleicht noch Fehler.

Dabei wäre es sinnvoller, ihnen die Chance zu geben, sich so entwickeln und zu wachsen, wie es ihnen entspricht und wie sie selbst es wollen.

Wir selbst sollten uns in der Zwischenzeit um mehr Zufriedenheit und Offenheit bemühen.

Wie wir wissen, besteht die Übung generell darin, uns die Zeit zu nehmen, während des Tages immer wieder in unseren Geist zu schauen, auf Ideen, Gedanken und Gefühle im Geist. Wir werden dann sehen, dass es meist überflüssig ist, sich Sorgen zu machen. Dann können wir uns entspannen. Auch werden wir immer besser verstehen, was in uns selbst und anderen abläuft.

Dabei braucht man nicht zu versuchen, etwas zu erzwingen. Es hat auch keinen Sinn, immer alles zu analysieren. Besser ist es, einfach im gegenwärtigen Moment bewusst zu sein. Man betrachtet Ereignisse, ohne sich eine Meinung zu bilden und ohne Vorurteile überzustülpen, sich also darin zu verwickeln. Wir schauen einfach, ohne zu bewerten, dann wird unsere Wahrnehmung klarer und genauer.

Ohne diese vorurteilsfreie Wahrnehmung werden wir nicht sehen, wie die Emotionen entstehen.

9. Der Nutzen der Meditation

Wenn wir uns mit unseren Emotionen auseinandersetzen, ist es also unverzichtbar, zum einen Bodhicitta zu entwickeln und zum anderen zu meditieren.

Der Grund dafür, dass Meditation so wichtig ist, ist, dass unser Geisteszustand sehr subtil und empfindlich ist. Auch wenn wir alles Mögliche ausprobieren, wird es ohne Meditation sehr schwierig sein, das zu ändern.
Es ist also notwendig, zu meditieren, denn dadurch gelangen wir zu mehr geistiger Klarheit und zu einem tiefer gehenden und genaueren Verständnis. Dieser Prozess schreitet immer weiter fort, und unser Verständnis wächst solange, bis wir den allwissenden Zustand eines Buddha erreicht haben.

Anfangs kann es sein, dass man zunächst einfach dasitzt und meditiert. Vielleicht denkt man auch, dass die Ergebnisse von Meditation immer die selben sind, egal, ob man etwas über die Lehre Buddhas weiß oder nicht. Durch Nachdenken und durch eigene Erfahrung kam ich nicht zum gleichen Schluss. Meiner Meinung nach ist Meditation ohne grundlegende Kenntnis des Dharma anders.
Ich habe herausgefunden, dass unsere Aufmerksamkeit während der Meditation richtig ausgerichtet sein muss, um größere Klarheit mit dem richtigen Verständnis zu entwickeln.

Gampopa gibt hier den Rat, vor der Meditation-Praxis Zuflucht zu nehmen und dann das Bodhisattva-Versprechen abzulegen. Anschließend kommt die eigentliche Meditation. Diese Reihenfolge gibt die richtige Richtung vor.
Man sollte sich damit befassen, was Zuflucht und das Streben und Ausführen von Bodhicitta bedeuten. Das führt dazu, dass man ein Gefühl dafür bekommt. Das wiederum ermöglicht es, zu verstehen, wie man den Anleitungen richtig folgt. Es macht insgesamt wenig Sinn, ohne korrekte Sicht und Orientierung einfach dazusitzen und zu meditieren.
Eigentlich hängt Meditation nämlich auch von einigen Qualitäten des Charakters ab. Deshalb ist es nötig, dass man Bodhicitta entwickelt.

Man sollte bewusst Anstrengung aufbringen, man muss wissen, wie man sich entspannt und die richtige Erwartung haben.

Meditation bedeutet nichts anderes, als bewusst im gegenwärtigen Moment zu sein. Wir üben Achtsamkeit in der Meditation, aber sie muss nicht aufhören, wenn wir nicht mehr auf dem Meditationskissen sitzen. Da in einem konstanten Kontinuum alle Momente gleich sind, kann man auch in jeder gegebenen Situation, zu jeder beliebigen Zeit und an jedem gegebenen Ort, sei es auf einem Kissen in einer Meditationshalle sitzend oder im Alltag üben, präsent zu sein. Jeder Tag in unserem Leben gibt uns die Möglichkeit, Bewussheit bzw. Achtsamkeit zu üben. Wir versuchen also, ohne Gewalt während des Tages genauso bewusst zu sein wie in unserer Meditation.

Das tun wir, wann immer wir können, und allmählich verbessert sich unsere Bewusstheit. Weiter verstehen wir, wie wichtig es ist, jeden Moment präsent zu sein.

Durch unsere Praxis, achtsam im Moment zu sein, kommt Klarheit in unser tägliches Leben. Irgendwann gibt es dann keine Zeitfragmente mehr, in denen wir praktizieren oder in denen wir nicht praktizieren.

Natürlich können wir das nicht sofort. Deshalb versuchen wir ohne unnötigen Druck, uns immer wieder zunehmend unserer Hoffnungen und Erwartungen bewusst zu werden. Es gibt eigentlich keinen wirklichen Nutzen, wenn er nicht in unserer alltäglichen Erfahrung auftritt. Es ist sehr wichtig, das zu verstehen.

Die eine oder andere denkt jetzt vielleicht: „Ich weiß ja schon, dass mich meine Gefühle aufwühlen und dass das dazu führen kann, dass ich negativ handle. Aber ich kann einfach nichts dagegen machen. Ich kann es eben einfach nicht ändern."

Man weiß selbst, dass man von Zeit zu Zeit so denkt und fühlt. Wenn man sich zum Beispiel ärgert, hat man das Gefühl, dass der Ärger ganz unvermeidlich ist.

Wenn wir aber den Anleitungen folgen, die uns der Dharma gibt, und meditieren, beginnen wir, das anders zu sehen.

Tritt dann Ärger auf, glaubt man vielleicht immer noch, dass man nichts daran ändern kann.

Aber durch die Meditationspraxis denkt man doch etwas anders, also vielleicht: „Der Dharma sagt, dass ich wegen der Unwissenheit in meinem Geist nicht klar sehen kann, was passiert. Ich war mir der

Emotionen nicht bewusst, als sie entstanden. Sie gerieten außer Kontrolle und jetzt ärgere ich mich so. Ich muss diesen Ärger erleiden und ich verursache auch noch Leid für die Menschen um mich herum. Darüber hinaus verursache ich negatives Karma, für mich und für andere."

Dass man jetzt so denkt, zeigt, dass man sich doch bereits ein bisschen klarer darüber ist, was eigentlich passiert.

Wie bereits mehrfach erwähnt wurde, meint man oft, wenn man den Dharma gehört oder gelesen und die Worte verstanden hat, dass man auch die Bedeutung verstanden hat. Man denkt sich, dass das, was die buddhistischen Belehrungen sagen, stimmt. Vielleicht ist man auch in der Lage, den beschriebenen Ablauf sofort jemand anderem zu erklären.

Aber wenn es dann darum geht, diese Dinge tatsächlich anzuwenden, empfindet man es als schwierig, mit der Situation im eigenen Geist umzugehen. Man fühlt sich den Emotionen gegenüber als Verlierer. Das ist der Grund, warum es ohne Meditation nicht geht. Es ist einfach notwendig, viel Zeit zu investieren, sehr viel Zeit.

Aber wenn wir täglich üben, wird das geistige Verständnis ohne Zweifel besser werden, und unsere Frustrationen und Anspannungen werden abnehmen.

Mit der Zeit verstehen wir dann die Bedeutung aller Belehrungen und Methoden. Und, was wichtiger ist, wir sind in der Lage, zu praktizieren und sie anzuwenden.

Eine Erkenntnis, die man durch Meditation erreichen kann, ist, dass jedes Problem im Geist entspringt. Das wird in den Belehrungen erklärt. Ihr werdet vielleicht nicht ganz zustimmen und denken: „Aber das kann ja nicht nur ich sein, die anderen haben auch Anteil."

Allerdings geht es uns auch nicht gut, wenn kein anderer da ist, gerade dann möchten wir nämlich beispielsweise mit anderen zusammen sein. Wir alle kennen diesen seltsamen Widerspruch.

Tatsächlich ist es Meditation, die es einem ermöglicht, zu sehen und zu verstehen, dass jedes Problem in einem selbst entsteht. Sonst wäre es kaum möglich, sich darüber klar zu werden.

Ein anderes Verständnis, das man durch Meditation erreichen kann, hängt mit Furcht zusammen. Weil wir die sehr starke Gewohnheit haben, nach unserem Selbst zu greifen und daran anzuhaften, sind wir von uns selbst absorbiert.

Wir haben oft Gedanken wie: „Ich möchte, dass da etwas für mich rausspringt. Ich habe Angst zu verlieren. Ich möchte nichts verlieren. Ich darf einfach nicht verlieren."

Diese Sorgen eskalieren dann im Geist unbewusst zu Angst und schließlich zu regelrechter Panik. Durch Meditation kann man erkennen, dass die Angst durch das eigene Greifen hervorgerufen wird. Es ist dann einfacher, damit umzugehen.

Einerseits wollen wir also alle frei sein, aber gleichzeitig möchten wir auch an unseren Begierden festhalten. Wenn wir allerdings unsere Begierden wirklich sehen könnten, würden wir erkennen, dass es da gar nichts zu verlieren gibt. Setzt man die Belehrungen um, wird unser Geist freier, stärker und kraftvoller, als es ein Geist ist, der in Begierde und Angst gefangen ist.

Aber man muss für sich selbst sehen, was in einem abläuft. Deshalb ist Meditation so wichtig. Worte, Konzepte und Intellektualisierungen werden euch hingegen nicht zeigen, wie ihr mit eurem Geist oder euren Emotionen arbeitet.

10. Tägliche Praxis

Wenn wir unsere Situation im Daseinskreislauf nicht verstehen und klar erkennen, machen wir mit unserem Leben einfach so weiter wie bisher. Oberflächlich gesehen scheint auch alles in Ordnung zu sein. Das Leben geht weiter, ob man sich nun dafür entscheidet, bewusst zu sein oder nicht. Allerdings führt die Praxis von Bewusstheit dazu, dass eine Lösung für unsere Situation und die Probleme, die damit verbunden sind, in Reichweite kommt.

Nur ist es eben eine Herausforderung, klar im Einzelnen die Umstände unserer Lage in Samsara zu sehen. Der Grund dafür ist, dass wir in unseren Emotionen, den Bedingungen, die auf unserem Karma beruhen, und im Leiden verfangen sind. Ursache und Wirkung in ihrer ganzen Kompliziertheit zu verstehen, ist sehr schwierig. Trotzdem sind sie die naturgegebenen Bedingungen des Lebens. Deshalb ist es wichtig, den Belehrungen gut zuzuhören und über ihre genaue Bedeutung nachzudenken.

Normalerweise beladen wir unseren Geist allerdings mit Informationen, ohne zu verstehen, was sie wirklich bedeuten. Für die alltäglichen Dinge mag das ja auch reichen. Wenn es aber um den Dharma geht, ist ein sehr genaues, richtiges Verstehen einfach ein Muss. Das kann man nur langsam erreichen. Der Grund dafür ist, dass unsere Verdunkelungen sehr stark sind, sie sind durch unsere Emotionen, Gewohnheiten und falsche Konzepte verursacht.

Um die Bedingungen, denen wir unterliegen, genau zu sehen, ist es einfach wichtig, immer wieder hinzuschauen. Der beste Weg ist, die Ursachen für Ereignisse in unserem eigenen Leben zu erkennen. Wir versuchen also, eine Verbindung zwischen einer Situation und den Ursachen dafür zu sehen und durch eigene Erfahrung festzustellen, was wahr und was wichtig ist. Wir müssen einfach die Realität erkennen. Nur dadurch kann wirkliche Veränderung erreicht werden, sie kann nicht erzwungen werden.

Durch unsere persönlichen Erfahrungen lernen wir dann, Buddhas Lehre genau zu verstehen und unser Verständnis vertieft sich immer mehr. Dann erkennt man auch, wie wichtig regelmäßige Praxis als Basis dafür ist, mit klarem Geist mit allen Umständen, die das Leben mit sich bringt, umgehen zu können.

Wenn wir aber erst einmal verstanden haben, wie wichtig Bodhicitta und Meditation sind, wollen wir mehr darüber wissen und es besser verstehen. Dann denken wir weiter und gründlicher darüber nach und wenden die Belehrungen in unserem täglichen Leben an. Man versteht dann auch, dass aufrichtige Liebe und echtes Mitgefühl ganz natürlich entstehen, wenn man erkennt, dass alle fühlenden Wesen den allgemein gültigen Bedingungen, wie Karma und Leiden, unterliegen. Weiter nimmt man Dinge auch nicht mehr so persönlich, was es wiederum einfacher macht, Liebe und Mitgefühl für andere zu empfinden. In der Folge kann man besser mit Gefühlen wie Stolz oder Eifersucht umgehen. Dadurch wird das Erkennen von karmischen Ursachen und Bedingungen klarer, die jedes fühlende Wesen beinflussen, man sieht also immer besser, was wirklich abläuft.

Weiter erkennen wir, dass unsere Unwissenheit der Grund dafür ist, dass die Dinge nicht so einfach sind, denn sie beherrscht unseren Geist, unsere Gedanken und Handlungen.
In diesem Zustand projizieren wir dann alle Arten von Illusionen, auf die wir automatisch und unbewusst reagieren. Dadurch kommt es sowohl zu positiven als auch zu negativen Handlungen. Es ist also ganz klar, dass jeder Mensch zu jedem beliebigen Zeitpunkt gute und schlechte Gedanken haben kann. Wenn wir das verstanden haben, befreit es uns von unserer beurteilenden Einstellung anderen gegenüber.

Den Tag mit geistiger Gegenwärtigkeit beginnen und beenden

Praxis bedeutet nichts anderes, als im Moment und geistig klar zu sein. In den buddhistischen Lehren heißt es, dass man praktizieren sollte, während man am Leben teilnimmt. Es ist sehr wichtig, dass wir wissen, dass wir so oft wie möglich geistig klar und präsent sein sollten. Wenn wir aber morgens aufwachen, ist unser Geist normalerweise zunächst schwer und wenig klar. Das ist eine geistige Gewohnheit.
Es ist so, wie wenn wir morgens in starkem Verkehr zur Arbeit fahren. Wir bewegen uns, sehen viele Dinge und trotzdem entdecken wir nichts. Genauso ist es mit einem vernebelten Geist.
Deshalb sollte man sich morgens oder auch tagsüber, immer, wenn es möglich ist, einige Sekunden Zeit nehmen und sich sagen: „Hey, ich wache auf."

Natürlich muss man das nicht in Worten sagen, entscheidend ist, dass man wirklich geistig präsent sein und fühlen sollte, dass man „hier" ist. Und wenn man bereits regelmäßig praktiziert, dann versucht man einfach, das umzusetzen und anzuwenden, was im Dharma gelehrt wird. Zuerst ist es hart, sich immer wieder daran zu erinnern, in der Gegenwart zu sein. Versucht es aber trotzdem so oft wie möglich. Bereits das an sich zeigt, dass ihr etwas klarer seid. Anfangs wird man das immer wieder vergessen, weil man es einfach nicht gewöhnt ist. Stattdessen ist man daran gewöhnt, schwer und dumpf zu sein, und man kann nicht anders, als den eigenen Neigungen und Gewohnheiten zu folgen. Aber versucht, euch ein bisschen anzustrengen. Erinnert euch sanft von Zeit zu Zeit an die Belehrungen und daran, bewusst im Moment zu sein. So kann euer Geist üben, wie man gegenwärtig ist, und man wird lernen, immer öfter geistig präsent zu sein.

Das ist es, was wir normalerweise als Meditation bezeichnen. Wenn wir regelmäßig meditieren, werden wir es recht einfach finden, geistig präsent zu sein. Wenn nicht, erinnert euch wenigstens daran, wenn ihr morgens aufwacht. Seid dann bewusst im Augenblick geistig anwesend.

Als Nächstes denkt man morgens darüber nach, dass man seine Fähigkeiten dafür einsetzen möchte, um für andere hilfreich zu sein und um die Menschen zu unterstützen, mit denen man zu tun hat. Es sollte aber auch keine erzwungene Verpflichtung sein, weil das weitere Probleme verursachen würde. Geht ganz natürlich vor, auf gewisse Weise ist es einfach.
Man denkt: „Ich werde tun, was ich kann."

Unmittelbar bevor man abends schlafen geht, wiederholt man wieder die gleiche Art von Achtsamkeit und Überlegungen. Das bedeutet allerdings nicht, dass man versucht zu meditieren, während man liegt.
Der entscheidende Punkt ist vielmehr, dass man wiederum geistig präsent ist und die Bemühungen des Tages dem Wohl anderer widmet. Das ist die Art und Weise, wie man am Anfang und am Ende eines jeden Tages das umsetzen kann, was in der Lehre Buddhas gesagt wird.

Gut für uns selbst und gut für andere

Ein Mensch zu sein ist etwas sehr Kostbarbares. Deshalb sollten wir die Einstellung haben, etwas Sinnvolles und Gutes für uns selbst und für andere zu tun. Diese grundlegende Haltung wird nicht nur durch die buddhistischen Belehrungen unterstützt und bestätigt, sie scheint insgesamt recht natürlich zu sein.

Eigentlich denkt niemand: „Ich sollte ein richtig schlechter Mensch sein und möchte noch viel schlechter werden."

Normalerweise denkt man: „Ich möchte ein guter Mensch sein und ich möchte mich verbessern."

Dabei hängt das, was man für gut hält, davon ab, was sich gut anfühlt. Im Dharma wird allerdings erklärt, dass „gut für mich selbst" bedeutet, dass man seine Fähigkeiten und derzeitigen guten Bedingungen in diesem und allen zukünftigen Leben richtig nutzt. Das bedeutet, dass man nicht selbstbezogen sein sollte und man versucht, offen für andere zu sein.

Wie bereits mehrfach ausgeführt wurde, verstehen wir, dass andere grundsätzlich so sind wie wir selbst, und so helfen wir ihnen. Wenn wir diese Sichtweise immer wieder üben und sie uns zu eigen machen, können wir die Bedeutung dessen, was im Dharma gelehrt wird, bald verstehen. Der Umgang mit unseren Emotionen wird dann unkompliziert, eben weil wir sehen können, was wichtig und notwendig für jeden ist.

Verständnis schafft Raum

Wenn man etwas lernen möchte, hört man normalerweise aufmerksam zu. Weiter denkt man, dass man weise sein und sich von den Emotionen befreien sollte, da sie die Ursache für viele unserer Probleme sind. Aber diese Ideen sind wieder eine Art von starkem Greifen. Dieses Anhaften aktiviert unsere Emotionen und wir fühlen uns erneut instabil. Deshalb ist es wichtig, den universellen, naturgegebenen Prozess von Ursache und Wirkung zu verstehen, denn dieses Verständnis macht unsere Einstellungen und Gefühle weicher. Das Greifen ist zwar (subtiler als vorher) noch vorhanden. Zur gleichen Zeit gibt es aber mehr geistige Offenheit, mit der wir arbeiten können.

Leider erkennen wir aber im Moment nicht sehr viel und wir haben immer das Gefühl, dass es da so viele Dinge zu tun gibt. Unser Geist ist sehr stark mit den Bedingungen verbunden, die durch unser Wollen entstehen, und wir fühlen uns schwer und angespannt. Weiter sind unsere Konzepte und Emotionen sehr stark und wir sind sehr abgelenkt.

Trotz dieser Anspannung ist es aber möglich, sich der Emotionen bewusst zu sein. Nur können wir meist unsere Reaktionen auf sie nicht ändern und sie kommen auch immer wieder. Deshalb brauchen wir etwas Raum, um zu sehen und zu verstehen, was passiert, und dann kann Veränderung auch recht spontan ablaufen.

Shamar Rinpoche rät immer: „Seid geistig flexibel."

Flexibel sein bedeutet hier nichts anderes, als ein bisschen offen zu sein. Dann kann man mit den Dingen leichter umgehen. Allerdings ist es nicht leicht, flexibel zu sein, wenn man kein richtiges Verständnis von den grundlegenden Bedingungen hat, denen die fühlenden Wesen unterliegen.

Wenn man ungefähr Bescheid weiß, aber noch nicht genau, wendet man sein Wissen nicht wirklich an. Deshalb scheinen dann die Konzepte in unserem Geist sehr kompliziert zu sein. Sie werden einfacher, wenn man deutlicher sehen kann, was passiert. In der Meditation kann der Geist sehr klar werden. Ein klarer Geist hat keine Probleme, deshalb sind dann die Emotionen nicht mehr länger problematisch.

Angenommen, man befindet sich in einem Raum mit geöffnetem Fenster, und eine große Biene fliegt herein. Man sollte beobachten, was in einem abläuft. Verspannt man sich und wird ganz starr, oder reagiert man offen und flexibel?

Ist man normalerweise daran gewöhnt, rücksichtsvoll mit anderen fühlenden Wesen umzugehen, wird man nicht allzu verängstigt sein. Man mag die Biene vielleicht nicht besonders, aber man entscheidet sich dafür, sie rauszujagen, statt sie zu töten. Wenn man andererseits die Biene nicht als fühlendes Wesen betrachtet, wird man vielleicht panisch reagieren. Die Reaktionen mögen variieren, manche Menschen werden ärgerlich, andere verletzen die Biene, wieder andere entscheiden sich dafür, sie zu töten.

Man sollte sich selbst fragen, warum man so von Panik befallen ist oder warum man der Biene gegenüber so feindlich gesinnt ist?

Wenn man die Lehre Buddhas kennt, ist die Anwort einfach. Ist man mit den buddhistischen Belehrungen vertraut, erkennt man, dass man zu sehr auf sich selbst bezogen und um sich selbst besorgt ist. Deshalb fühlt man sich verängstigt oder ärgerlich. Man kann auch viele andere Dinge entdecken, wenn man genauer hinschaut.

Deshalb ist es sinnvoll, sorgfältiger nachzudenken. Dann wird man ein ganz anderes Verständnis davon erreichen, was eigentlich dahinter steckt, je nachdem, ob man angespannt ist oder ob man flexibel reagiert. Wie ich schon sagte, soll das aber nicht heißen, dass man Insekten mögen muss. Worauf es ankommt, ist das grundlegende Verständnis dafür, warum man so reagiert, wie man es tut.

Täglich nach innen schauen

Ob unser Geist offen oder angespannt ist, beruht auf geistiger Gewohnheit. Und obwohl wir nicht damit geboren wurden, sehen wir normalerweise nicht, dass wir dauernd mit allen Arten von Projektionen beschäftigt sind. Durch die Praxis von Bewusstheit ändert sich unsere Sicht jedoch etwas. Das ermöglicht es, tiefer gehend darüber nachzudenken und zu reflektieren, indem wir uns folgende Fragen stellen:

1. „Was ist Liebe?"

2. „Was ist Mitgefühl?"

3. „Was ist Leid?"

4. „Was ist ein negativer Gedanke und was sind die Arten von Handlungen, die er verursacht?"

5. „Was ist ein positiver Gedanke und was sind die Arten von Handlungen, die er auslöst?"

Anfangs sind die Antworten nicht klar. Trotzdem sollte man immer wieder darüber nachdenken und sich selbst innerlich prüfen. Und statt sich allgemein in Bezug auf alle fühlenden Wesen mit diesen Fragen auseinanderzusetzen, ist es besser, im eigenen Leben die Wechselwirkungen zwischen sich selbst und anderen konkreten Personen zu untersuchen.

Im Laufe des Tages, während der Interaktionen mit anderen, kann man viele Gefühle, die in einem entstehen, beobachten.

Man schaut also, wie man empfindet, und fragt sich, warum man fühlt, wie man fühlt. Auch erkennt man, wie eigene Gefühle die Einstellung anderen gegenüber beinflussen. Das Gleiche gilt für Entscheidungen und das Verhalten, das man seinen Mitmenschen gegenüber an den Tag legt. Und auch was man tut, ist von Emotionen verursacht.

Mit dieser Vorgehensweise erreicht man mehr Klarheit darüber, was sich in einem selbst abspielt. Dadurch nehmen die Projektionen ab. Man kann die Emotionen klarer sehen, man weiß besser, wie man sich darauf einstellt und wie man damit umgeht. Langsam bekommt man durch diese Achtsamkeit etwas mehr geistige Freiheit, der Geisteszustand wird offener und ändert sich zum Besseren.

Das bedingt, dass die Anworten auf die oben aufgeführten Fragen klarer werden, und sie gewinnen an Bedeutung. Dabei ist es nicht notwendig, permanent seine Gefühle, Beziehungen zu anderen oder Handlungen genau zu prüfen. Man sollte einfach jeden Tag immer wieder ohne Stress versuchen, bewusst zu sein. Weiter ist es gut, sich regelmäßig damit auseinanderzusetzen, warum es wichtig ist, sich gegenseitig gut zu behandeln.

Im Familienleben beispielsweise sind Spannungen unvermeidlich, auch wenn die Dinge im Allgemeinen relativ unproblematisch sind.

Diese Spannungen entstehen bereits durch leichten Ärger. Sie sind nicht stark, aber sie sind vorhanden. Tatsächlich geht es gerade um diese kleinen Dinge, um diese kleinen Bedingungen.

Normalerweise versucht man allerdings, sie einfach zu ignorieren oder zu vermeiden und sich nicht damit zu befassen. Man denkt, es sei besser, es dabei zu belassen und sagt nichts.

Trotzdem ist man unglücklich wegen des Ärgers, und so fühlt man sich eigentlich dauernd. Wenn man den Dharma nicht hat, um einen anzuleiten, kann man sich nicht erklären, warum man so ist. Durch die eigene Unwissenheit kann man nicht klar sehen, was sich abspielt.

Worum es hier also geht, ist, darüber nachzudenken, warum man sich ärgert und warum man sich irritiert fühlt. Man sollte herausfinden, was eigentlich passiert. Die Anwort, die man zunächst meist findet, ist, dass andere Leute nicht richtig handeln. Die anderen tun also nicht, was man will!

Betrachtet man jedoch mithilfe der buddhistischen Belehrungen die Wurzel der eigenen Gefühle genauer, beginnt man, auf die emotionalen Ursachen, also übliche Emotionen wie Begierde, Stolz, unerfüllte Erwartungen oder Eifersucht, aufmerksam zu werden. Wenn man dann etwas genauer prüft, stellt man fest, dass Greifen bzw. Begierde und die übermäßige Bezogenheit auf sich selbst den Emotionen zugrunde liegt. Und man versteht immer besser, wie sie einen verwirren, stören, und wie sie die eigene Wahrnehmung trüben.

Die buddhistische Lehre sagt, dass wir erkennen, warum wir Fehler machen, wenn wir sehen können, dass wir unter dem Einfluss von Gefühlen handeln, und wenn wir sehen, was an dem, was wir tun, negativ ist.
Wenn wir diese Fehler erkennen, kann es sein, dass wir uns schuldig oder beunruhigt fühlen. Vielleicht verlieren wir auch den Glauben an uns selbst oder unser Selbstvertrauen.
Aber umgekehrt gilt auch, dass man ruhiger und selbstsicherer wird, wenn man durch zunehmende Bewusstheit und besseres Verständnis feststellt, dass man auch anders handeln kann und dass man mit allen Gewohnheiten besser umgehen kann.
Nach und nach wird unsere geistige Kapazität gestärkt. Auch unser Vertrauen wächst. Dadurch erreichen wir schließlich eine gewisse geistige Freiheit und unser Geist fühlt sich leichter an. Dann ist es viel einfacher, mit ihm umzugehen.

Zu viel Selbstbezogenheit vermeiden

Unbewusst projizieren wir unsere Ideen und Gedanken auf Dinge und Leute, und wir kritisieren sie. Wie bereits erwähnt wurde, gibt es selbst dann bald etwas, das einen stört, wenn man mal einen Tag zu Hause ist und nichts tut. Vielleicht beginnt man, sich zu langweilen und möchte wieder aktiv sein. Diese Art von Unannehmlichkeiten erleben wir definitiv jeden Tag.
Sie betreffen kleine Trivialitäten, die eigentlich nicht wirklich wichtig sind. Prüft man sich selbst regelmäßig, wird man bald feststellen, dass alle diese Spannungen mit einem selbst zu tun haben und dass zu viel Selbstbezogenheit der Grund dafür ist. Sie verwirrt uns und führt dazu, dass wir leiden.

Wenn man das erkennt, möchte man das Klammern an das Selbst aufgeben, damit man kein Leid mehr erlebt. Trotzdem wird das nicht sofort möglich sein. Und so tauchen alle diese kleinen Irritationen und Unannehmlichkeiten weiter auf.

Dieses Leid ist wie Staub, der sich im Haus ansammelt, er ist immer da. Der Staub richtet keinen Schaden an, aber er wird immer mehr. Wenn wir nicht regelmäßig sauber machen, wird das Haus sehr schmutzig werden.

Entsprechend ist auch das Leid der Selbstbezogenheit nicht groß, aber es ist da. Wenn es nicht beachtet wird, dann kann es zu großem Leid heranwachsen. Wenn man mal über einen ganz normalen Tag nachdenkt, wird man herausfinden, dass vom Morgen bis zum Abend immer etwas Leid da ist. Immer gibt es etwas, das falsch ist.

Unsere Mitmenschen

Wenn man mehr Offenheit erreicht, sieht man, dass Probleme mit den emotionalen Ursachen zu tun haben. Man erkennt die zum Teil sehr subtilen und unbewussten Gefühle, die sie in einem auslösen.
Weil man diese Vorgänge von sich selbst kennt, versteht man, dass sie bei anderen genauso ablaufen. Deshalb versteht man dann auch die durch Emotionen verursachte Negativität in anderen, und man weiß, warum sie sich falsch verhalten.
Wir sind grundlegend alle gleich. Jeder hat gute und schlechte Gefühle. Und weil wir unwissend sind, sind wir alle den Emotionen ausgeliefert und so handeln wir blind und automatisch unter ihrem Einfluss. Es ist wichtig, dass man sich darüber klar ist.

Durch dieses Verständnis entwickelt man Bodhicitta. Und wenn man die Bedeutung von Bodhicitta wirklich verstanden hat, denkt man nicht mehr, dass man sich nicht erklären kann, warum eine Person ist, wie sie ist.

Man hat dann eher Gedanken wie: „Ich sollte versuchen, anderen zu helfen und sie zu unterstützen, statt mich nur damit zu befassen, wie ich mich fühle."

Handelt man mit dieser Einstellung, wird man flexibler darin, mit den Emotionen umzugehen. Flexibler bedeutet, dass man besser versteht, was wirklich passiert. Man fühlt sich leichter und geht weniger schnell in die Irre. Wenn dann Emotionen erscheinen, reagiert man auch nicht mehr so impulsiv. Stattdessen gibt es innerlich etwas mehr Raum im Geist, der einem erlaubt, angemessener zu handeln, man fühlt sich entspannter und leidet weniger.

Allerdings wäre es falsch, zu erwarten, dass die Emotionen verschwinden werden. Sie werden weiter auftauchen, aber sie werden schwächer sein und man wird besser mit ihnen umgehen können.

Interesse an der Lehre Buddhas entwickeln

Jeder möchte lernen, wie man das Leben lebt. Dazu versucht man, die Belehrungen zu verstehen, macht sich also damit vertraut, was sie bedeuten und wendet sie auf alltägliche Erfahrungen an. Ob das Leben nun angenehm ist oder die Umstände deprimierend und beängstigend sind, es sind ganz normale Lebensbedingungen, die unsere Wahrnehmung trüben. Trotzdem lernen wir sowohl von guten wie auch von schlechten Erfahrungen. Beide sind nützlich.

Normalerweise wird etwas dann nutzbringend für uns, wenn wir uns dafür interessieren, uns mit dem Thema befassen und durch einen Lernprozess gehen.

Hat man beispielsweise Interesse an Pflanzen und etwas über sie gelernt, dann sieht man sie überall ganz automatisch, wohin man auch geht.

So ist es auch mit den Emotionen. Es ist wirklich wichtig, zu verstehen, warum wir sind, wie wir sind, und in Bezug auf die emotionale Ursache so reagieren, wie wir es tun, und warum man sich damit befassen und dafür interessieren sollte.
Allerdings ist es schwierig, sich selbst dauernd zu beobachten und in sich hineinzuschauen. Man kann aber doch während des Tages aufmerksamer sein, und mit der Zeit gewöhnt man sich daran. Jedesmal, wenn wir dann ein gutes oder ein schlechtes Gefühl entdecken, sagt es

uns etwas über uns selbst, das kann eine interessante Lernerfahrung sein. Am Anfang kann man vielleicht noch nicht verstehen, was das Auftreten eines Gefühls bedeutet, weil wir noch nicht sehr klar sind. Aber wir können es üben. Mit der Zeit werden wir uns auf ganz natürliche Weise verbessern.

Ist der eigene Geist als solcher fokussiert, versteht man immer besser, warum man fühlt, wie man fühlt, je mehr man in sich hineinschaut. Allerdings bedeutet das nicht, dass es außergewöhnliche Dinge sind, die man sieht. Was man erkennen wird, das sind die vielen verschiedenen, gewöhnlichen und völlig normalen Gewohnheiten, wie man jeden Tag denkt und funktioniert. Es bedeutet die eigenen, ganz üblichen Ideen, Gedanken und Gefühle zu sehen. Auch gibt es keine besondere Zeit, wo man sich selbst sozusagen beiseite nimmt, nur um etwas über sich selbst zu lernen. Unwissenheit erscheint im Geist nicht während einer besonderen Tageszeit. Unwissenheit ist einfach ständig in unserem Geist.

Bodhicitta anwenden

Da wir unseren Begierden unterliegen, sind wir dauernd mit Problemen konfrontiert, und das Leben ist nicht einfach. Wir wollen nicht gestört werden, trotzdem stören uns die natürlichen Bedingungen, denen unser Geist unterliegt, im Moment dauernd.

Weiter möchte man materielle Dinge besitzen, etwas Bestimmtes tun, oder hat Ziele und ist damit beschäftigt, sie zu verfolgen. Dann gibt es immer Menschen, mit denen man umgehen muss, seien es unsere Familie, Freunde oder Kollegen am Arbeitsplatz.

Alle diese Situationen geben uns die Möglichkeit, eine andere Haltung und Orientierung einzunehmen. Statt also ausschließlich auf unseren eigenen Vorteil zu schauen oder sicherzustellen, dass wir nicht auf der Verliererseite sind, könnten wir versuchen, auch auf die Bedürfnisse und Ziele anderer Rücksicht zu nehmen, während wir unsere Interessen verfolgen. Ich denke, es ist nicht einfach, aber man kann es tun.
Wegen eurer Güte und Offenheit werden eure Handlungen dann sehr viel positiver sein. Euere Kommunikation mit anderen Menschen wird

wesentlich effektiver sein und ihr werdet stärker werden. Es mag vielleicht etwas länger dauern, bis man die ersten Resultate sieht, aber sie werden ohne Frage kommen.

Das ist eine der Möglichkeiten, um mit der Praxis von Bodhicitta zu beginnen.

Wir können den Dharma nur für uns selbst entdecken und erlernen

Die Lehre Buddhas sagt uns, dass man selbst herausfinden muss, was für einen selbst funktioniert und was Sinn macht. Der Grund ist, dass Menschen verschieden voneinander sind und jeder eine einzigartige Kombination von Bedingungen, Umständen und Situationen erlebt. Diese eigenen Entdeckungen und Erkenntnisse sind dann allerdings auch wesentlich klarer und effektiver, als wenn einem ein anderer sagt, was man tun oder lassen sollte.
Anfangs kann es aber verwirrend sein, wenn man nicht genau weiß, was zu tun ist. Deshalb ist es ganz normal, wenn man viele Fragen hat. Buddha selbst sagte, dass man nicht naiv sein sollte, sondern dass man klar sein soll.

Wenn man dann im Dharma nach Anworten sucht, lernt man allmählich etwas über die eigenen inneren Einstellungen.
Mit der Zeit kann man auch unterscheiden, worum es jeweils geht, weil bestimmte Punkte bereits aus buddhistischen Belehrungen bekannt sind.
Beispielsweise ist es wichtig, sich der emotionalen Ursachen bewusst zu sein, weil sie die Wurzeln für alle unsere Gefühle sind.
Ein anderer Punkt ist Bodhicitta, es ist einfach, darüber zu reden. Aber da jeder so mit sich selbst und den eigenen Belangen beschäftigt ist, ist es schwierig, Bodhicitta auch zu entwickeln und danach zu handeln. Obwohl man weiß, dass man sich gegenseitig unterstützen sollte, ist man doch selbstsüchtig und gierig. Wird man aber immer bewusster, entdeckt man über sich selbst, dass man aus Gewohnheit gierig ist. Wenn man zum Beispiel versucht, anderen zu helfen, sich dabei aber unbehaglich, angespannt oder ausgeschlossen fühlt, ist das der richtige Zeitpunkt um herauszufinden, was in einem vor sich geht. Man

sollte sich fragen, ob Ärger oder Erwartung der Grund ist. Wenn man ein bisschen klarer sieht, was passiert, wird man feststellen, dass man sich so fühlt, weil man gierig ist, und dass der Grund hierfür die Anhaftung an sich selbst ist.

Erkennt man, was passiert, weiß man auch, wie man sich selbst korrigiert. Man wird feststellen, dass Sorgen unnötig und unwichtig sind und dass sie nur dazu führen, dass man leidet.

Güte ist in jedem Menschen vorhanden

Etwas, das man zunächst in sich selbst entdeckt, ist ein inneres Hin und Her. Der Grund dafür ist, dass man den eigenen Gewohnheiten und Neigungen folgt.

Einerseits findet man in sich Anhaftung, Erwartungen, Ängste und dergleichen, wie es für Samsara typisch ist. Andererseits gibt es da in einem aber auch Güte und Liebenswürdigkeit. Ist man bewusst, ist es ganz natürlich, dass man das in sich wahrnimmt. Allerdings schwankt man zwischen diesen beiden Polen, vor allem am Anfang. Übt man weiter, bewusst zu sein, beginnt man diesen Vorgang zu verstehen.

Und man wird bei anderen feststellen, dass sogar eine Person, die einem wirklich negativ erscheint, doch irgendwie nette Seiten hat, wenn man die Dinge einmal aus ihrer Perspektive betrachtet. Aber wegen ihrer Unfähigkeit, klar zu sehen, ist die Sichtweise dieser Person verdreht. Wenn man das erkennt, wird sich Mitgefühl für alle fühlenden Wesen gleichermaßen entwickeln.

Weniger Unterschiede machen

Im Moment findet man manche Menschen nett, andere dagegen mag man nicht. Und man hat Mitgefühl mit den sympathischen Leuten, die in Not sind, aber nicht mit denen, von denen man denkt, dass sie negativ sind. Man macht also Unterschiede.

Wenn wir unterscheiden, wird es allerdings schwierig, den eigenen Geist ins Gleichgewicht zu bringen. Deshalb ist es auch leichter, sich morgens mit Liebe und Mitgefühl zu verbinden, bevor wir uns völlig inder Mitte des alltäglichen Geschehens befinden. Je mehr man dagegen involviert ist, desto schwieriger erscheint es, Bodhicitta zu praktizieren. Aber wenn man beginnt, immer ein bisschen mit Liebe und Mitgefühl zu handeln und durch eigene Erfahrung erkennt, welche Bedeutung es hat, ist das sehr nützlich. Euer Geist wird sehr klar und sehr stabil.

Die buddhistischen Belehrungen bestehen auch nicht darauf, dass man für alle Wesen ganz genau das gleiche Mitgefühl haben muss. Der Dharma legt dar, dass es für uns möglich ist, die Bedingungen zu sehen, denen fühlende Wesen unterliegen. Dann wird von alleine und ganz natürlich Mitgefühl in uns entstehen. Wir werden viel mehr geistige Klarheit und geistigen Frieden erleben. Das Verständnis wird wachsen, so dass man in der Lage ist, anders zu handeln, als man es gewohnt ist.

Man wird weniger Unterschiede machen, ganz so wie ein Arzt, der alle Patienten gleich behandelt und der keinen Patienten wegschicken würde, weil er denkt: „Ich werde ihn nicht behandeln, weil er ein schlechter Mensch ist." Genauso wie dieser Arzt sollte man selbst also keine Unterschiede machen.

11. Schlussfolgerung:
Mit den Emotionen arbeiten und nicht gegen sie

Es liegt in der Entscheidung eines jeden Einzelnen, ob man etwas über die Wahrheit der Lehre Buddhas lernen will. Jeder von uns möchte weniger abgelenkt sein und anderen helfen. Man fragt sich vielleicht: „Wie kann ich das erreichen? Ich versuche es ja, aber die Umstände, in denen ich mich befinde, sind nicht so einfach." Dann sollten wir uns daran erinnern, wie wichtig es ist, zu meditieren. Wenn wir regelmäßig meditieren, werden wir langsam bewusster, und Meditation wird allmählich eine Gewohnheit unseres Geistes. Außerhalb der Meditationssitzungen wird unsere verfeinerte Bewusstheit zu einer klareren Wahrnehmung und zu einem klareren Verständnis führen. Mit der Zeit werden wir uns dann immer mehr von den emotionalen Ursachen befreien.

Aber es liegt an uns selbst, ob wir die Zeit und die Anstrengung aufbringen wollen, um bewusster zu werden und zu sein. Niemand anderer kann für uns achtsam sein.

Tatsächlich hängt eben alles von uns selbst ab. Wenn wir verstanden haben, dass positives Handeln zu Glück und Frieden für alle führt, können wir etwas tun, damit die Dinge nicht so schmerzlich und schwierig sind. Man sollte nicht vergessen, dass es Probleme geben wird, wenn man unbedacht ist. Ist man dagegen sorgfältig, wird das Ergebnis viel positiver sein.

Sieht man deutlicher, was passiert, führt das dazu, dass man etwas mehr Raum hat, so dass man angemessen auf jede Situation reagieren kann. Angemessen reagieren bedeutet hier, die Dinge für alle Betroffenen zu verbessern. Handelt man auf diese Art und Weise, ist man nicht frustriert, weil man an andere denkt statt an sich selbst. Wo keine Anhaftung an das Ich besteht, da kann es natürlich auch keine Frustration geben. Wir versuchen also auf vernünftige Weise zu handeln und zu reagieren, mit einem guten Gespür für die Verhältnismäßigkeit.

Leider sind wir aber häufig wenig geneigt, Kompromisse zu machen und akzeptieren nicht, dass alles viele Gesichter haben kann. Selten gestehen wir uns ein, dass verschiedene Sichtweisen und Arten des

Herangehens zu guten Ergebnissen führen können. Unser Tunnelblick engt die Möglichkeiten ein und beschränkt sie. So sind Konflikte und Auseinandersetzungen vorprogrammiert.

In jeder schwierigen oder schmerzlichen Situation trifft das gleiche Prinzip zu:

Meist treten wir innerlich nicht zurück, um festzustellen, wie wir mit einer Situation umgehen können. Wir sind fasziniert von unseren Gedanken, dass ein bestimmter Weg richtig ist, geben dem Ganzen keinen Raum und sind so in unserer Anhaftung gefangen.

Man denkt zum Beispiel: „Es ist MEINE Frau, die an Krebs leidet. Diese Situation beeinflusst MICH auf diese Weise."

Tatsächlich können wir, wenn wir versuchen, einer Krebskranken beizustehen, ihren bevorstehenden Tod nicht verhindern. Aber wir können ihre Verzweiflung vermindern, ihre Angst und das augenblickliche Leid. Eine Krankheit zu heilen ist wichtig, aber das sollte nicht darüber hinwegtäuschen, dass es notwendig ist, der erkrankten Person auch anderweitig zu helfen. Es wird also in jeder Situation sehr nützlich sein, sich etwas zurückzunehmen, um klar zu sehen, was vor sich geht.

Oder in den Fällen, wo Teenager von Drogen abhängig sind. Sie scheinen vor allem auf einem Kommunikationsproblem zu beruhen. Statt zu versuchen, den eigenen Weg durchzusetzen, sollte man innerlich einen Schritt zurücktreten und die Kommunikation zwischen Eltern und Kindern zuerst wieder aufnehmen. Ohne Bodhicitta ist es allerdings sehr schwierig.

Statt die Dinge also ichbezogen zu sehen, ist es besser, einen grundlegenden Weg zu suchen, um ein Problem zu lösen. Tatsächlich können nämlich verschiedene Seiten befriedet und zufriedengestellt werden, wenn wir für das Wohlergehen anderer arbeiten. Die Ziele und Wünsche anderer Leute sind auch wertvoll und wichtig. Wir erkennen, dass es verschiedene Lösungen für Situationen gibt, diese Möglichkeiten stehen uns jetzt offen. Wir können uns entscheiden, so zu handeln, dass mehr Glück für alle um uns herum entstehen kann.

Wenn unsere Emotionen manchmal allerdings schon sehr stark sind, kann es sein, dass wir uns frustriert fühlen, weil es wenig gibt, was wir tun können. Wir haben das Gefühl, dass es zu spät ist. Das passiert oft. Aber das eigentliche Problem ist unsere Erwartung, deshalb sollten wir realistisch sein. Wir wissen, dass wir noch nicht verwirklicht sind, und dass das nicht das Problem ist. Für den Moment versuchen wir lediglich, bewusst zu erkennen, wenn eine Emotion entsteht, einfach nur, um sie zu sehen. Sie wird sich ohne unser Eingreifen auflösen, deshalb stellt man einfach nur fest, dass das eine Emotion ist und lässt sie in Ruhe. Man bekämpft sie nicht und hat keine Erwartungen, denn wenn wir irgendetwas erwarten, werden wir nur mit Frustration konfrontiert werden.

Es ist auch allgemein nicht gut, zu hohe Erwartungen in Bezug auf Dinge und Personen zu haben, obwohl wir die meiste Zeit eben genau diese hohen Erwartungen haben. Es ist besser, andere so zu akzeptieren, wie sie sind, und uns nicht dauernd auf ihre Fehler zu fokussieren. Schließlich haben auch wir Fehler. Es ist also wichtig, zufrieden zu sein, sowohl mit Menschen als auch mit Dingen oder Situationen.

Aber für das alles brauchen wir Ausbildung, Praxis und Erfahrung. Diese drei anzusammeln dauert nicht nur einige Minuten, Tage oder Monate. Man erreicht das erst nach kontinuierlicher und umfassender Übung. So ist es bei jedem professionellen Training, wie beispielsweise, wenn man virtuose Musikalität entwickelt. Es dauert seine Zeit. Man braucht eben Erfahrung, um die emotionalen Ursachen so zu sehen, wie sie sind.

Man sollte auch nicht vergessen, dass man viele Gewohnheiten bereits das ganze Leben lang hat. Für die meisten von uns bedeutet das zumindest zwanzig Jahre. Zählt man die vielen früheren Leben dazu, versteht man, dass Gewohnheiten in der Tat eingefleischt sind. Deshalb werden Veränderungen bestimmt nicht einfach sein, aber sie sind definitiv möglich.

Man sieht zum Beispiel in einer Kunstgalerie viele Kunstwerke und Gemälde aus alter Zeit bis in die Gegenwart. Einige sind gut, andere sind nicht so gut. Nehmen wir einmal an, da ist ein Gemälde mit nur ein paar Farbklecksen, das einige Millionen Euro kostet. Auf den ersten Blick kann man den Wert nicht erahnen. Nachdem man sich mehr mit Kunst und Gemälden beschäftigt hat, wird das erworbene Verständnis dazu führen, dass man versteht, warum das Bild so wertvoll ist.

Nach ein paar weiteren Jahren wird man dann vielleicht seine Schönheit direkt erfahren und es genießen können, das Gemälde zu betrachten. Durch Studium, Lernen, Verstehen, Erkennen und dadurch, dass man es schätzt, ist man so weit gereift, dass man die Schönheit des Bildes sozusagen aus erster Hand selbst erleben kann.

Mit dem Erkennen der emotionalen Ursache ist es das gleiche.

Wenn wir uns mit den Emotionen befassen, kommen wir auch immer wieder zurück auf die ganz grundlegenden Dinge.
Wir praktizieren also Achtsamkeit, so viel wir können, und wir vertrauen der Natur unseres Geistes. Wir versuchen, uns unserer Emotionen bewusst zu sein und bekämpfen sie nicht, weder unsere eigenen noch die anderer. Stattdessen nutzen wir die Energie des Geistes anders, nämlich durch Bodhicitta.
Zu jedem Zeitpunkt versuchen wir, klarer zu erkennen, was wirklich abläuft. Das gibt uns die Chance, Fehler zu vermeiden und unsere komplizierten Ideen und Gedanken zu ganz einfachen, grundlegenden Dingen zu reduzieren. Sehen zu lernen benötigt zwar Zeit, aber dann klappt es.

Dieses Training im alltäglichen Leben macht alles einfacher. Aber es ist nötig, mit dem Üben anzufangen und die Methoden selbst anzuwenden. Wir müssen beginnen, Schritt für Schritt jeden Tag zu üben und dadurch eigene Erfahrungen zu machen. Dann werden wir verstehen, wie es funktioniert. Die Bedeutung dessen, was der Dharma sagt, wird so immer klarer werden. Tatsächlich ist es ja keine Geschichte, die man erzählt oder an die man sich erinnert.

Wenn man nie am Nordpol war, weiß man auch nicht, wie es dort wirklich ist, selbst wenn man vielleicht die vielen wundervollen Details wiederholen kann, die man darüber gehört hat. Man muss schon selbst hinfahren.

12. Frage und Antwort in Bezug auf Teenager

Frage: Angenommen, junge Leute haben starke Emotionen, wie können wir ihnen helfen, mit ihren Gefühlen zu umzugehen? Wie viel Freiheit können wir ihnen für ihr eigenes Ausprobieren im Umgang mit den Emotionen erlauben, ohne dass es schlimme Folgen hat? Und inwieweit können wir sie unter ihren Erfahrung leiden lassen, bevor wir einschreiten, um zu helfen, oder uns einmischen?

Antwort: Im Hinblick darauf, wie man mit der emotionalen Ursache und den Gefühlen umgeht, gilt im Wesentlichen für Teenager das gleiche wie für Erwachsene. Wir können sie lehren, wie man die Emotionen erkennt und wie man sie nutzen kann. Wenn sie üben, achtsam zu sein, werden sie langsam lernen, es in ihr tägliches Leben zu integrieren. Wir können die Methode, bewusst zu sein, also mit ihnen diskutieren. Aber wir lassen sie die Erfahrungen selbst machen, und sie werden viele Erfahrungen haben.

Junge Leute mögen es nämlich nicht, wenn man sich in ihr Leben einmischt. Wenn man ihnen dauernd Regeln auferlegt, versuchen sie, diese zu brechen oder sie zu umgehen. Es ist deshalb nicht empfehlenswert, sie mit allen Arten von Vorgaben und Werturteilen einzuschränken. Wir legen auch nicht fest, was richtig oder falsch ist. Es gibt keine äußerlichen Regeln, weil Regeln und Grenzen genau das Gegenteil von Offenheit sind. Stattdessen muss jeder innerhalb seiner eigenen Bewusstheit selbst eine universelle Referenz entwickeln, was akzeptabel ist und was nicht. Diese Referenz kommt dem nahe, was wir als Ethik kennen. Wir müssen genau sehen und genau zuhören, um wirklich zu verstehen, was abläuft und was die Bedeutung von etwas ist.

Indem wir uns mit dem verbinden, was wirklich passiert, und uns die Zeit nehmen, um genau zu erkennen, was vor sich geht, bekommen wir die Kontrolle zurück. Unser Geist mag jetzt etwas verdunkelt sein und es ist nicht so einfach zu verstehen, was passiert. Unser derzeitiges Leben, das wie mit Autopilot gesteuert zu sein scheint, ist ohne klare Bewusstheit. Aber wenn wir damit weitermachen, Achtsamkeit zu praktizieren, dann werden wir langsam klarer. Es wird einfacher werden, wir sind entspannter und wir müssen dann nicht mehr so hart kämpfen. Und irgendwann werden uns die Emotionen nicht mehr stören.

Ein Reisender, beispielsweise, der Zeit damit verbringt, sich mit den Einheimischen auszutauschen, wird sie verstehen.
Auch wir müssen uns die Zeit nehmen, die Emotionen wahrzunehmen.
Wir fahren bildlich gesprochen nicht an ihnen vorbei, ohne Details über sie zu erfahren, etwas darüber, woher sie kommen und wohin sie gehen.
Sonst wären wir wie jemand, der ein Land mit dem Zug bereist, ausschließlich auf die Landschaft schaut, nirgends hält, sich nicht für die Leute interessiert und sie so auch nicht kennenlernt.
Indifferenz ist nämlich dieser Zustand, in dem der Geist verschlossen ist, es ist kein Gefühl involviert, es ist fast wie tot. Gleichmut allerdings ist ein offener und ausgeglichener Zustand, bereit, mit jeder Situation umzugehen und mit jedem Gefühl, das erscheint, zurechtzukommen. Es ist ein sehr lebendiger Zustand.
Die Einstellung von Bodhicitta macht diesen unvoreingenommenen, offenen Geist möglich. Wir sollten immer mit Bodhcitta handeln. Und, gut oder schlecht, wir handeln ohne zu bewerten.

Auch fragen wir uns oft, wozu Leiden gut sein soll, besonders, wenn es unsere Kinder oder andere nahestehende Personen betrifft.

Nehmen wir beispielsweise körperliche Schmerzen. Sie sind sehr notwendig und wichtig, denn sie signalisieren uns, dass etwas nicht in Ordnung ist. Zahnschmerz sagt uns also, dass ein Zahn krank ist, so gesehen ist er nützlich. Aber trotzdem denkt man nicht, dass Zahnschmerz etwas ist, was man erleben will.

Mit Leid ist es dasselbe. Die meiste Zeit handeln wir ja blindlings und unbewusst in Bezug auf unsere Fehler. Wenn man dann leidet, fragt man sich vielleicht irgendwann, warum das so ist und was man anders machen sollte. Wenn wir also Leid erfahren, zeigt es uns, dass wir irgendwo auf dem Weg falsch gegangen sind.
Wir müssen deshalb einfach lernen, wie wir nicht mehr leiden. Das heißt, es ist notwendig die Methoden zu erlernen, um Leid zu vermeiden und sie dann zu praktizieren.
Es ist so einfach wie beim Zähneputzen. Es ist eben eine Methode, um Karies und damit Zahnschmerzen zu vermeiden.

Glossar

Abneigung, Ärger, Zorn: Eine Geisteshaltung, die die schlechten Eigenschaften von etwas übertreibt und es (unbedingt) vermeiden möchte. Abneigung ist eine Form der Anhaftung.

Anhaftung, Begierde, Gier: Eine Geisteshaltung, die die guten Eigenschaften von etwas übertreibt und es (unbedingt) haben möchte.

Befreiung: Man hat einen Zustand erreicht, in dem man Leid, zusammen mit den Ursachen für Leid, überwunden hat. Somit unterliegt man nicht mehr unwillentlich dem Daseinskreislauf (Samsara). Die vollständige Erleuchtung ist allerdings noch nicht erreicht.

Belehrung: Im engeren Sinn Informationen über die buddhistische Lehre. Im weiteren Sinne können Belehrungen auch nonverbal erfolgen, zum Beispiel durch Handeln, das anderen als Beispiel oder Vorbild dient.

Bodhicitta: Erleuchtungsgeist, also der Wunsch, zum Besten aller fühlenden Wesen Erleuchtung zu erlangen. Es ist eine Geisteshaltung liebender Güte. Im Alltag kann man zunächst beginnen, Bodhicitta zu üben, indem man versucht, die Dinge gut für alle Beteiligten ablaufen zu lassen, also Win-Win-Situationen zu erreichen.

Bodhisattva: Eine Person, die nicht nur für sich selbst die Erleuchtung erreichen will, sondern allen fühlenden Wesen helfen möchte, diese zu verwirklichen. Durch das Versprechen das zu tun tritt man in den Mahayana ein. Im weiteren Sinn auch eine Person, die sehr viel für andere tut. Ein Bodhisattva sieht die Bedingungen, denen die fühlenden Wesen unterliegen, und versucht zu helfen, so gut sie/er kann.
In Situationen, in denen man nicht helfen kann, ist es gut, allen fühlenden Wesen (man ist selbst auch dabei) die möglichst rasche vollkommene Erleuchtung zu wünschen, weiter dass die Sache, um die es geht, möglichst gut ausgeht und dass man bald die Fähigkeiten hat, auch in solchen Situationen helfen zu können. Dabei stellt man sich vor sich im Raum die Buddhas und Bodhisattvas als Lichtenergieform vor.

Buddha: Der Erleuchtete, bzw. der erleuchtete Geisteszustand, der aus dem Leiden des Daseinskreislaufes herausführt. Alle Geistestrübungen wurden gereinigt und alle positiven Qualitäten verwirklicht. Buddha gehört zusammen mit Dharma und Sangha zur Zuflucht.

Buddha-Natur: Das grundlegende Potenzial aller fühlenden Wesen, die Buddhaschaft zu erlangen.

Daseinskreislauf: siehe Samsara

Denken, Reden, Handeln: Handeln besteht im Buddhismus aus körperlichem Tun, Reden und Denken.
Man unterscheidet negative Handlungen, die dazu führen, dass andere leiden und dass die dadurch entstehenden negativen Eindrücke im Geist für einen selbst zu Leid führen. Positive Handlungen dagegen führen zu Glück, für einen selbst und für andere. Die dritte Art von Handlungen sind unbewegte Handlungen. Diese entstehen durch das Halten des Geistes in bestimmten Konzentrationszuständen. Entscheidend für eine Handlung ist immer auch die Geisteshaltung. Tut man etwas zum eigenen Nutzen, kann auch eine an sich gute Handlung negativ werden. Beispiel: Man hilft jemandem nur aus Berechnung, also um selbst Vorteile zu haben. Allerdings zeigt das doch eine gewisse Intelligenz, da es einem selbst karmisch gesehen normalerweise nützt, wenn man etwas für andere tut, allerdings sollte die Motivation eben nicht (vor allem nur) der eigene Vorteil sein.
Tut man andererseits etwas zum Nutzen anderer, kann auch eine an sich schlechte Handlung positiv werden. Beispiel: Man rettet einer Unschuldigen mit einer Lüge das Leben. Weiter ist Weisheit nötig, um erkennen zu können, was anderen (wirklich) hilft. Hilfreich ist nicht immer das, was jemand von einem möchte oder was man selbst für hilfreich hält.

Dhagpo Kagyü Ling: Buddhistisches Zentrum der Karma-Kagyü-Linie in Frankreich; europäischer Hauptsitz des 17. Karmapas Thaye Dorje unter der Leitung von Lama Jigme Rinpoche.

Dharma: Die Lehre Buddhas. Informationen darüber, wie andere und man selbst dauerhaft dem Leid entrinnen und Erleuchtung erreichen können. Der Dharma gehört zusammen mit Buddha und Sangha zur Zuflucht.

Dualität: Aus Unwissenheit erlebt man den Geist und seine Projektionen, Subjekt und Objekt, Ich und Du, Innen und Außen als voneinander getrennt.

Ego: Selbstsüchtige Einstellung, die das eigene Glück für wichtiger hält als das der anderen und das Haupthindernis für das Ausüben und Verwirklichen von Bodhicitta.

Erleuchtung: Geisteszustand eines Buddha, sämtliche Geistestrübungen sind beseitigt und alle Qualitäten sind entwickelt.

Fühlende Wesen: Man unterscheidet sechs Daseinsbereiche, Götter, Halbgötter, Menschen, Tiere, Hungergeister und Wesen in Paranoia- oder Höllenbereichen.

Gampopa (1079 bis 1153): Lebte in Tibet und war Lehrer des ersten Karmapa. Sein eigener Lehrer war Milarepa.

Geist: Der Geist entzieht sich jeglicher Definition, aber auch diese Formulierung ist unvollständig, da sie ja eine Art von Definition ist. Allerdings kann der Geist über Eigenschaften beschrieben werden, beispielsweise als offen, klar und unbegrenzt/ungehindert. Diese drei Aspekte sind untrennbar voneinander bzw. gleichzeitig entstehend. Klarheit beschreibt hier die Fähigkeit, Dinge zu erleben, die die Grundlage für alles das ist, was man erfährt. Weil man aber die wahre Natur des Geistes nicht erkannt hat, lässt man sich in der Regel von den Geschehnissen im Geist vereinnahmen, statt zu erkennen, dass sie wie Bilder in einem Spiegel auftauchen und wieder verschwinden.

Geistesruhe: Mühelos präsenter und klarer Geisteszustand. Man übt den Geist ohne Ablenkung und ohne Anstrengung so lange, wie man möchte, mit oder ohne Objekt (= unterstützendes Mittel) ruhen zu lassen. Geistesruhe ist Grundlage für das Erkennen der wahren Natur des Geistes.

Greifen: Mentaler Vorgang, der die natürliche Bewegung des Geistes (die Gedanken) konzeptualisiert und sie für wirklich hält.

Hindernis: Alles, was auf dem Weg zur Erleuchtung hinderlich ist. Hindernisse kommen letztlich immer durch einen getrübten Geist zustande, da sie, auch wenn sie im Außen auftreten, ein Spiegel des Geistes sind. Es gibt im Buddhismus Methoden, um Hindernisse abzuschwächen oder zu beseitigen.

Lama: Buddhistische Lehrerin oder buddhistischer Lehrer. Es heisst, ein Lama (oder eigentlich eine Lama) hat jedem fühlenden Wesen gegenüber die Liebe und das Mitgefühl, wie eine Mutter gegenüber ihrem einzigen Kind.

Leidbringende Handlungen: Es gibt 10 klassische leidbringende Handlungen, und zwar: töten, stehlen, sexuelles Fehlverhalten, lügen, verleumden, verletzende Rede, sinnloses Gerede, Anhaftung, Abneigung und falsche Sichtweise.
Entscheidend dafür, ob eine der ersten sieben leidbringenden Handlungen negativ sind, ist auch die Geisteshaltung, also die Absicht, mit der man etwas tut. Die letzten drei, Anhaftung, Abneigung und falsche Sichtweise sind immer leidvoll.

Karma: Wörtlich übersetzt bedeutet Karma „Handeln", „Tat"; es ist das Gesetz von Ursache und Wirkung.
Was man denkt, sagt oder tut, hinterlässt Eindrücke im Geist, die dann reifen, also das bedingen, was man wiederum erlebt. Karma kann in diesem Leben reifen oder in zukünftigen Leben. Man bestimmt somit selbst, was man erleben wird.
Denkt, redet und handelt man positiv, so sind die karmischen Auswirkungen positiv. Denkt, redet und handelt man negativ, so sind die Auswirkungen negativ. Denkt, redet und handelt man neutral, so sind die karmischen Auswirkungen neutral. Im Normalfall ist Denken, Reden und Handeln gemischt, hat also positive und/oder neutrale und/oder negative Anteile.

Karma-Kagyü Linie: Eine der vier großen Traditionen des tibetischen Buddhismus, deren Oberhaupt der Karmapa ist. In der Karma-Kagyü Linie wird der Schwerpunkt auf die Meditationspraxis gelegt, auf die Sichtweise und auf eine (nicht immer notwendigerweise räumlich) enge Verbindung zwischen Lehrer und Schüler.

Karmapa: Bedeutet wörtlich „derjenige, der die Buddha-Tat ausführt". Karmapa ist das Oberhaupt der Karma-Kagyü-Linie, die eine der großen Linien des tibetischen Buddhismus ist. Der erste Karmapa war Düsum Khyenpa (1110 bis 1193). Der 17. Karmapa, Thaye Dorje wurde 1983 in Tibet geboren, floh 1994 nach Indien und ist heute das Oberhaupt der Karma-Kagyü-Linie.

Mahayana: Großes Fahrzeug oder Großer Weg. Im Großen Fahrzeug hat man den Wunsch, die Erleuchtung zu erlangen, um alle fühlenden Wesen vom Leid zu befreien, es wird deshalb auch Fahrzeug der Bodhisattvas genannt.
Weiter gibt es das kleine Fahrzeug bzw. den Kleinen Weg oder auch Hinayana, in dem man die Erleuchtung (zunächst) für sich selbst anstrebt, also selbst dauerhaft dem Leid entkommen möchte. Grundlage des Mahayana sind auch Belehrungen aus dem Hinayana, also zum Beispiel die Erkenntnis, dass es möglich ist, Leid dauerhaft hinter sich zu lassen.

Nirmanakaya (tib.: Tulku): Ausstrahlungszustand oder -körper. Jemand, die/der eine Form angenommen hat, um den fühlenden Wesen zu helfen. Es sind sowohl eine bewusste menschliche Wiedergeburt als auch andere Formen möglich.

Reinigung: Um die Erleuchtung zu erlangen, ist es notwendig, negative Eindrücke im Geist zu reinigen/zu beseitigen und positive Eindrücke (Verdienst) aufzubauen.
Jede buddhistische Meditation reinigt negative Tendenzen, besonders jedoch die Meditation auf Vajrasattva (tib.: Dorje Sempa).

Rinpoche: Bedeutet „Kostbarer". Ehrentitel für eine buddhistische Lehrerin oder einen buddhistischen Lehrer. Wird auch als Anrede verwendet.

Samsara: Daseinskreislauf. Es handelt sich hierbei weder um ein Land noch um einen Ort, sondern bezeichnet den Zustand des unerleuchteten Geistes. Durch dessen Unwissenheit entsteht der unfreiwillige, leidvolle Kreislauf von fortwährender Wiedergeburt und Tod.

Sangha: Im engeren Sinn die Bodhisattvas, die mindestens die Befreiung erreicht haben. Im weiteren Sinn auch die noch nicht verwirklichten Praktizierenden. Bezeichnet umgangssprachlich auch buddhistische Gruppen. Zuflucht nimmt man nur zur Sangha, die mindestens Befreiung erreicht hat. Die Sangha im engeren Sinn gehört also zusammen mit Buddha und Dharma zur Zuflucht.

Schleier bzw. Verblendung oder Geistestrübung: Basieren auf Unwissenheit, trüben den Geist und führen zu Leid. Ein Buddha hat alle Schleier gereinigt und alle positiven Qualitäten verwirklicht.

Shamarpa bzw. Shamar Rinpoche: Zweithöchster Lehrer der Karma-Kagyü-Linie. Es war eine Prophezeiung des zweiten Karmapa, derzufolge der Karmapa in Zukunft in zwei Nirmanakaya-Formen inkarnieren würde, nämlich als Karmapa und als Shamarpa.

Tulku: siehe Nirmanakaya

Unwissenheit: Ein Zustand von Unklarheit, deshalb erkennt man nicht, was (im eigenen Geist) wirklich abläuft. In der Folge kommt es zu täuschenden Wahrnehmungen (Illusionen), der Geist folgt Gedanken und Gefühlen und das weitere Denken, Reden und Handeln wird davon geprägt.
Unwissenheit führt somit zu Anhaftung an ein vermeintliches Ich, daraus entstehen die Emotionen, die dann den unwillentlichen Daseinskreislauf (Samsara) und Leid bedingen.
Unwissenheit ist also der Grund dafür, dass wir unsere Buddha-Natur nicht erkennen.

Vajrayana: Diamantweg oder Diamantfahrzeug bzw. Mantrayana. Wird entweder zum Mahayana gerechnet oder als eigenständiger Weg gesehen, und verfügt über besonders effektive Methoden, durch die Erleuchtung in einem Leben möglich ist.
Grundlage des Vajrayana sind auch Belehrungen aus dem Hinayana und Mahayana, also beispielsweise die Einsicht, dass es möglich ist, Leid dauerhaft hinter sich zu lassen und dass Bodhicitta notwendig ist.

Verdienst: Um die Erleuchtung zu erlangen, ist es notwendig, negative Eindrücke im Geist zu reinigen/zu beseitigen und positive Eindrücke

(Verdienst) aufzubauen. Jede buddhistische Meditation baut Verdienst auf, besonders jedoch die Mandala-Gaben. Verdienst ist nicht primär etwas Materielles, auch wenn Verdienst Wohlstand als Ergebnis haben kann. Vielmehr bedeutet Verdienst, dass die eigenen Fähigkeiten zunehmen und dass die Geisteshaltung positiver wird.

Verwirklichung: Meditations-Realisation. Qualitäten, die sich entwickeln und zeigen, wenn man sich in Richtung Erleuchtung entwickelt, also Geistestrübungen reinigt und Verdienst aufbaut.

Die vier edlen Wahrheiten: Nachdem Buddha die Erleuchtung erlangt hatte, lehrte er diese vier für den Buddhismus ganz grundlegenden Wahrheiten.

1. Es gibt Leid.
2. Es gibt eine Ursache für Leid.
3. Es gibt ein Ende des Leids.
4. Es gibt einen Weg zum Ende des Leids.

Widmen: Ohne Widmung würde das Gute aus den positiven Handlungen wieder aufgebraucht werden, z.B. durch starke negative Gefühle, oder durch späteres angenehmes Erleben. Es ist, wie wenn man Geld auf ein Bankkonto einzahlt, und es dann wieder abhebt, es bleibt kein Guthaben übrig.

Das Widmen unseres Verdienstes hilft auch, das Positive loszulassen, und mit allen zu teilen. Das wirkt der starken Tendenz entgegen anzuhaften.

Weiter bekommt unser Handeln durch die Widmung eine klare Ausrichtung auf unser Ziel, die vollständige, rasche Erleuchtung aller fühlenden Wesen. Deshalb widmet man Positives der Erleuchtung aller fühlenden Wesen und hält hierbei das Verständnis aufrecht, dass die Handlung an sich, Du und Ich nicht voneinander verschieden sind.

Zuflucht: Man erkennt, dass man alleine den Weg nicht finden kann, um dem Leid und der Ursache für Leid dauerhaft zu entrinnen und dass Hilfe unerlässlich ist. Weiter verstehen wir, dass Formen von Zuflucht, wie Geld, Idole oder Methoden keine dauerhafte Lösung bieten, so nützlich sie auf relativer Ebene vielleicht sein mögen.

Deshalb stützen wir uns mit Vertrauen und Offenheit auf die kostbare Zuflucht, die klassischerweise aus den drei Juwelen, Buddha, Dharma und Sangha besteht.

Buddha bedeutet hier das Ziel, der erleuchtete Geisteszustand. Der Dharma ist die buddhistische Lehre. Die Sangha sind diejenigen, die die Lehre Budddhas authentisch praktizieren und weitergeben und mindestens Befreiung erlangt haben.

Man wird Buddhist, indem man Zuflucht zu den drei Juwelen nimmt.

Im Diamantweg (Vajrayana) nimmt man zusätzlich Zuflucht zu Lama, Yidam (persönlicher Meditationsaspekt) und Schützer.

Für dieses Glossar wurden Quellen sowohl aus der Karma-Kagyü-Linie als auch aus den anderen Linien des tibetischen Buddhimus verwendet.

Adressen, Internet und weitere Bücher von Lama Jigme Rinpoche

Adressen und Links

Europäischer Hauptsitz des 17. Karmapa Thaye Dorje, unter Leitung von Lama Jigme Rinpoche:

Dhagpo Kagyu Ling
Landrevie
24290 St. Leon-sur-Vézère
Frankreich

Tel.: 0033-553507075
Fax: 0033-553508054

E-mail: dkl@dhagpo-kagyu.org
Webseite: www.dhagpo-kagyu-ling.org

Homepage Lama Jigme Rinpoche :

www.jigmela.org

Internet, Karma-Kagyü-Linie, Auswahl:

In Deutschland, Österreich und in der Schweiz gibt es circa 200 Zentren der Karma-Kagyü-Linie unter Leitung des 17. Karmapa Thaye Dorje.

Eine Liste sämtlicher Karma-Kagyü-Zentren findet man unter:

www.kagyu.net oder
www.karmapa.org/info/index_info.htm

Im Folgenden eine Auswahl von weiteren Links:

www.karmapa.org
www.shamarpa.org

www.bodhipath.org
www.bordo.org
www.dhagpo-dedrol.org
www.dhagpo-kagyu-ling.org
www.dhagpo-kagyu-mandala.org
www.diamondway-buddhism.org
www.europe-center.org
www.karma-kagyu.org
www.karmapa-news.org
www.kibi-edu.org
www.montchardon.org

www.bodhipath-renchen-ulm.de
www.bodhipath-rostock.de
www.buddhismus.de
www.buddhismus-heute.de
www.buddhismus-schule.de
www.buddhistische-meditationsgruppe-darmstadt.de
www.buddhistisches-zentrum-freiburg.de
www.dharmahaus-obermoschel.de
www.dharmazentrum-moehra.de
www.diamantweg.de
www.karma-oeser-ling.de
www.rigdrol.de
www.zentrum-jaegerndorf.de

www.bodhipath.at
www.diamantweg.at
www.karma-kagyu.at
www.karma-samphel-ling.at

www.buddhismus.org/cms/
www.bodhipath.ch

Weitere Bücher von Lama Jigme Rinpoche (Auswahl)

Vivre libre, Editions Dzambala, 1994/2002, France

La méditation dans l'action, Editions Dzambala, 1996, France

Vivre, mourir et vivre, Editions Dzambala, 1996, France
auch auf Italienisch:
Passagio tra due vite, Edizioni Amrita s.r.l., 1999, Torino, Italia

A....come Buddha, Edizioni Amrita s.r.l., 1996, Torino, Italia
auch auf Französisch:
Les mots clés du bouddhisme, Edition Michel Lafont, Neuilly-sur-Seine, 2003, France
und auf Deutsch:
Der tibetische Buddhismus, Silberschnur, 2008, Deutschland

Le moine et le lama, Editions Fayard, France
auch auf Deutsch:
Der Pater und der Lama, Jigme Rinpoche und Dom Rober le Gall, Milarepa-Verlag, 2007, Amsterdam, Niederlande

Etre serain et efficace en travail, Presses de la renaissance, 2005, Paris, France

Der Autor

Lama Jigme Rinpoche ist ein voll verwirklichter Lehrer der Karma-Kagyü-Linie, die eine der großen Schulen des tibetischen Buddhismus ist. Sie steht unter der Leitung S.H. des 17. Karmapa Thaye Dorje.

Lama Jigme Rinpoche wurde 1949 in Ost-Tibet als Jigme Tsewang Athoup in eine Familie von Yogis und Praktizierenden der Nyingmapa-Tradition hineingeboren. Er wurde schon sehr jung als Wiedergeburt (Tulku) erkannt.

Als Lama Jigme Rinpoche drei Jahre alt war, starb sein Vater. Dieser gab vor seinem Tod Anweisung, dass die Familie Ost-Tibet verlassen sollte, da die Situation zu unsicher werden würde.

So wurde Lama Jigme Rinpoche im Alter von sechs Jahren von seiner Mutter zusammen mit seinem Bruder, S.H. Künzig Shamarpa, nach Zentraltibet zu seinem Onkel, S.H. dem 16. Karmapa, geschickt. Dort, in Tsurphu, dem Hauptsitz der Linie, blieb er bis zu seiner Flucht aus Tibet 1959.
Anschließend lebte er in Rumtek/Sikkim, wo er seine Ausbildung vom 16. Karmapa erhielt. Sie wurde von vielen wichtigen Lamas der Kagyü- und Nyingmapa-Tradition vervollständigt.

Seit Mai 1975 vertritt er Karmapa in Europa und leitet dessen europäischen Hauptsitz, Dhagpo Kagyü Ling in der Dordogne, Frankreich. Als der 16. Karmapa ihn dort einsetzte, sagte er: „In der Person von Jigme Rinpoche gebe ich euch mein Herz."

Lama Jigme Rinpoche reist sehr viel, vor allem in Europa und Asien. Er lehrt in den Zentren der Karma-Kagyü-Linie und hält mehrmals im Jahr im deutschsprachigen Raum Vorträge und Seminare.